油も葉も種も丸ごと健康の素

EGOMA COOKING

よく効く エゴマ料理

Japan Egoma Society
日本エゴマの会 編

料理制作=村上みよ子／田畑久恵

創森社

エゴマは丸ごと健康の素〜序に代えて〜

　不安な市販の油をやめ、エゴマ油の完全自給に取り組んだ日から、3年4ヶ月が過ぎました。
　私は現在79歳。妻は73歳。20aの水田と50aの畑に米、小麦、大豆、小豆、アワ、キビなど50種あまりの野果菜をつくって自給生活を送り、健康で楽しく暮らしています。エゴマは30a栽培しています。とくにここ1年は、体調はすこぶるよく、健康です。
　名古屋市立大学薬学部学部長の奥山治美氏は、その著書『食卓が危ない〜あなたの油選びは間違っている』の中で、「かつてはコレステロールを減らして健康にいいといわれたリノール酸の摂りすぎは、むしろ生活習慣病を引き起こす原因となる。エゴマ油に多く含まれるα-リノレン酸は、リノール酸過剰摂取の害を抑え、生活習慣病を予防・改善する」として「エゴマ油のみの食生活を2年続ければ必ず効果がある」と、ご自身の体験を語っていらっしゃいますが、私もまさにそれを実行し、自らの身体で検証しています。
　シソ科シソ属エゴマ。5500年前の縄文時代より江戸時代までの長きにわたり、日本の油はエゴマの油が主流でした。日本エゴマの会は、輸入依存の油脂生活をやめ、エゴマを栽培してエゴマ油を自給し、本当に健康な食生活を取り戻そうという普及活動を展開しています。地道な活動の結果、最近は連日のようにエゴマの栽培法、食べ方、効用などの問い合わせの電話が鳴り響くようになり、今急速にエゴマ栽培が全国的に広がりつつあるのを肌で感じています。
　また、エゴマは油を搾るだけでなく、若葉や種実もおいしく栄養的に優れた素晴

らしい食材です。各地で勉強会などを開く折に、エゴマ料理をつくって試食していただくと、必ずといっていいほど「どうやってつくるのか」と熱心なご質問をうけます。そういったたくさんの方の強いご要望もあって、このような本をまとめさせていただく運びとなりました。

　先祖が今に残してくれたエゴマの伝統食が、わが郷土あぶくまの山村にあります。エゴマの自給生活を始めるとともに、妻・村上みよ子は、そんな先祖伝来のエゴマ料理を、また伝統料理にオリジナルなアイデアを加えたさまざまな料理を工夫して、日々の食卓にのせてくれました。そのメニューの数はすでに50種を超えました。

　また郡山市在住の料理研究家・田畑久恵氏にも油や葉の料理を中心に近代的にアレンジしたメニューづくりにご協力いただき、バラエティー豊かなメニューをご紹介できることになりました。

　「平和」とは自給の食物が豊かに実り、一夜の休息が安らかに宿るところにあると思います。願わくは、この書がまさに平和の書として、日本全土にエゴマの花が咲き、台所よりおいしいエゴマ油の香りが満ち、健康な食卓がにぎわうことを祈って。

　　峯高く　エゴマの香り　里にみち
　　　いのちかがやく　日本の人

　　2001年8月　あぶくまの山村のエゴマ畑にて

日本エゴマの会会長　村上周平

よく効くエゴマ料理　もくじ

エゴマは丸ごと健康の素～序に代えて～　　3

序章　α-リノレン酸が豊富 エゴマの成分と効能────11

エゴマの成分と効用　　12
　崩れた「リノール酸神話」　　12
　α-リノレン酸の効能　　12
　α-リノレン酸の含有率　　13
　種実と葉の成分と効用　　13
エゴマ油の成分と効用　　14
　油の分類　　14
　リノレン酸の働き　　14
　リノール酸過剰摂取の害を防ぐ　　15

第1章　健康増進の素 エゴマ油の活用メニュー────17

エゴマ塩ドレッシング　　18・20
　応用　エゴマ葉とトマトのサラダ　　18・20
エゴマしょうゆドレッシング　　19・21
　応用　エゴマ葉の包み焼き　　19・21
エゴマ梅ドレッシング　　22・24
　応用　エゴマ葉とタラの春巻き　　22・24
すりエゴマドレッシング　　23・25
　応用　温野菜サラダ　　23・25
じゅうねん味噌ドレッシング　　26・28
　オカヒジキとおろしニンジンのサラダ　　26・28
鶏肉のエゴマ葉包み焼き　　26・29
鉄板焼き　　27・29
エゴマヨネーズ　　30・32
　応用　ポテトサラダ　　30・32

揚げナスのエゴマだれ　　　31・33
ニガウリのエゴマ油炒め　　　31・33
アサリのエゴマ油炒め　　　34・36
卵焼き　　35・36
エゴマ入りニンジンジュース　　　35・36

第2章　エゴマを生かした伝統料理バラエティー ―――37

エゴマ餅　　38・40
ヨモギ入りエゴマ餅　　　39・41
モチアワ入りおはぎ　　　39・41
玄米酵母のエゴマお焼き　　　42・44
　　玄米酵母のつくり方　　44
キビだんごエゴマかけ　　　43・45
エゴマ葉包み餅　　　43・45
エゴマうどん　　　46・48
　　エゴマ冷やだれのつくり方　　48
エゴマうどんの鶏五目あんかけ　　　46・49
エゴマけんちん　　　47・49
ウドのエゴマあえ　　　50・52
インゲンのエゴマあえ　　　50・52
ダイコン若葉のエゴマあえ　　　51・53
ダイコン炒りエゴマかけ　　　51・53
リンゴの白あえ　　　54・56
エゴマきんぴら　　　55・57
ニンジンとコンニャクの白あえ　　　54・57
じゅうねん味噌　　　58・60
エゴマ焼き味噌　　　58・60
エゴマコンニャク田楽　　　59・61
豆腐の炭焼き田楽　　　61
ネギのエゴマ酢味噌かけ　　　62・64
ナスのエゴマ味噌かけ　　　63・65
ワカメの酢味噌あえ エゴマ入り　　　63・65
エゴマ五穀ご飯まぶし　　　66・68
漬けエゴマ葉巻き五穀飯　　　67・68
エゴマ葉巻きずし　　　67・68

第3章　みんなが喜ぶ エゴマの創作料理 ─────── 69

エゴマ葉とひき肉の串焼き　　70・72
エゴマ葉のはさみ焼き　　71・73
エゴマ葉の肉巻き　　74・76
エゴマ入り大豆ハンバーグ　　75・77
エゴマ葉の落とし焼き　　75・77
エゴマ葉のてんぷら　　78・80
エゴマ葉とキムチの揚げ餃子　　78・80
エゴマ葉の磯辺揚げ　　79・81
エゴマ葉とカボチャのコロッケ　　82・84
イワシのエゴマ葉包み揚げ　　83・85
エゴマ葉の炒め味噌　　83・85
エゴマ葉とジャガイモの味噌炒め　　86・88
エゴマ葉とタケノコの炒めもの　　87・89
エゴマ葉とマイタケの炒めもの　　87・89
エゴマ葉入り生春巻き　　90・92
エゴマ葉入り手巻きサラダ　　91・93
エゴマ葉とさつま揚げのあえもの　　91・93
エゴマ葉のキムチ　　94・96
エゴマ葉とモヤシのナムル　　95・97
エゴマ葉とキュウリのひと口漬け　　95・97
カボチャのポタージュ エゴマ入り　　98・100
エゴマ葉ふりかけ　　99・100

第4章　ヘルシー食材 エゴマでつくるパンとデザート ─── 101

窯焼きパン　　102・104
エゴマ入りロールパン　　102・105
エゴマあんパン　　103・105
エゴマまぶしドーナツ　　106・108
エゴマ入りスポンジケーキ　　107・108
エゴマ四方焼き　　107・109
エゴマクッキー　　110・112

エゴマ入りイチゴ寒天　　111・112
　　大学イモ エゴマかけ　　111・112

第5章　油も葉も種も丸ごと利用 エゴマの基礎知識──113

　　エゴマの素顔　　114
　　　地方によりさまざまな呼び方　　114
　　　シソ、ゴマとの違い　　114
　　　日本最古の作物のひとつ　　114
　　　葉と種実、油の特徴　　115
　　エゴマの品種とその栽培　　116
　　　品種／栽培　　116
　　　エゴマづくりの年間スケジュール　　116
　　　種実をとるか、葉を楽しむか　　116
　　　栽培時の注意点　　117
　　葉と種実の収穫　　118
　　　葉の収穫／種実の収穫　　118
　　　脱穀／調整　　119
　　エゴマ油の搾油　　120
　　流通と入手　　120
　　　種実の流通と入手　　120
　　　葉の流通と入手　　121
　　　エゴマ油の流通と入手　　121
　　葉の食べ方・生かし方　　122
　　　エゴマ茶　　122
　　　エゴマ葉の塩漬け（保存法）　　123
　　実の食べ方・生かし方　　124
　　　エゴマ入りかき餅　　124
　　　エゴマ豆腐　　125
　　エゴマの全国サミットの開催　　126
　　愛農会もエゴマの栽培奨励・加工へ　　128
　　日本エゴマの会の取り組み　　130
　　種子の頒布について　　131

　　◆エゴマINFORMATION　　132

白エゴマの種実

デザイン──寺田有恒
料理制作──村上みよ子(福島県船引町)
　　　　　撮影＝飛田昭司
　　　　　田畑久恵(福島県郡山市)
　　　　　撮影＝田畑久雄
撮影協力──野村　淳　ほか
取材協力──全国愛農会
編集協力──神原恵里子
　　　　　岩谷　徹
　　　　　サラスバティ

序章

α-リノレン酸が豊富
エゴマの成分と効能

花穂をつけたエゴマ

エゴマの成分と効用

エゴマは種実、種実から搾った油、葉と、食べられる部分すべてが健康的な食物ですが、なかでも「効く」成分は、エゴマ油に含まれる「α-リノレン酸」。聞き慣れない方も多いと思いますが、近年の研究により、その効果が注目されています

崩れた「リノール酸神話」

かつて「リノール酸はコレステロールを減らす。動物性脂肪を減らして植物性脂肪（リノール酸）を摂ることが体に良い」と言われてきたために、リノール酸を多く含むベニバナ油やコーン油が大量に消費されてきました。しかし残念なことに近年、この「リノール酸神話」は間違いだったことが明らかにされました。

リノール酸のコレステロール低下作用はそれほど持続性のあるものではなく、あまりたくさん摂りすぎると、むしろ成人病やガン、アレルギー性疾患にかかりやすくなるという研究成果が発表されたのです。

動物性脂肪に多く含まれるアラキドン酸という脂肪酸がもとで血液中にできるプロスタグランジンという物質は、血管・気管を収縮させて血栓の原因になり、また体液の皮膚透過性を高めてアレルギー性疾患の原因になります。植物性のサラダ油などに含まれるリノール酸を多食すると、体内でアラキドン酸に変化し、肉を食べなくても同じ現象になってしまうことがわかったのです。

リノール酸は必須脂肪酸（体内で合成できないので食物から摂取する必要がある脂肪酸）なので、もちろん全く食べないわけにはいきません。しかしリノール酸の必須量は成人で1日2g。米や大豆など、日常食べる食品に含まれているもので十分だったことがわかり、あえて積極的に多く摂る必要はない、むしろ摂取を抑える方向で良いということがわかりました。そしてリノール酸系列の脂肪酸と拮抗的な働きをして、リノール酸過剰摂取による害を抑える働きがあるのが、α-リノレン酸なのです。

α-リノレン酸の効能

エゴマ油に多く含まれているα-リノレン酸は、次のような働きをして、前述のリノール酸過剰摂取による害を抑える効果があります。

◆血液をサラサラにする

血液の粘度を下げ、サラサラで流れやすい状態にして、血栓を防ぎます。また末梢血管の血液循環を良くする働きがあります。

◆アレルギー反応、炎症を抑制する

アラキドン酸からロイコトリエン、トロンボキサン、PAF（パフ）等の炎症メディエーターという化学伝達物質ができるのを抑制し、アレルギー反応と炎症を防ぎます。

◆発ガン物質を抑制する、免疫力を向上させる

アラキドン酸からプロスタグランジンE2という発ガン物質の生成を抑制します。

◆健脳、視力改善、抑うつ効果も

体内で代謝されてEPA（エイコサペンタエン酸）やDHA（ドコサヘキサエン酸）に変わり、脳や網膜の神経細胞に働きかけて学習能力の向上させ、脳の老化やボケを防いだり、視力を良くします。また性格を穏やかにする、精神的抑うつや自閉症状を

〔食用油の脂肪酸バランス〕

	飽和脂肪酸
	一価不飽和脂肪酸
	リノール酸
	α-リノレン酸
	γ-リノレン酸

オリーブ油
高オレイン酸ベニバナ油
ナタネ油
ゴマ油
大豆油
コーン油
ヒマワリ油
ツキミソウ油
ベニバナ油
エゴマ油、シソ油

(%) 0　25　50　75　100

出所:『エゴマ〜つくり方・生かし方〜』(日本エゴマの会編、創森社)

改善するなどの働きがあります。
◆そのほか、皮膚病や生理前症候群を改善するなどの働きも、大変注目されています。

α-リノレン酸の含有率

　さてそれでは、この「α-リノレン酸」を効果的に摂取するためには、なぜ「エゴマ油」なのでしょうか。
　上の図表を見てください。各種植物油の脂肪酸組成を図解したものです（脂肪酸について、詳しくは次ページをご参照ください）。図でもわかるように、一般的な植物油はリノール酸を多く含み、α-リノレン酸の含有量はむしろ少ないのです。
　ところが例外的にα-リノレン酸を多く含むのはエゴマ油、シソ油。実はこの2種類の油は同じもので、商品化にあたり名前が分かれているだけなのです。その原料はシソ科シソ属植物である「エゴマ」。
　つまり、エゴマ油は、他の追随を許さないα-リノレン酸供給源なのです。健康法としての摂取の目安は、1日10g、およそ大さじ2/3杯強です。

種実と葉の成分と効用

　エゴマの種実の主成分は油ですので、種実を食べても、エゴマ油を摂取するのと同じα-リノレン酸効果があります。
　エゴマの葉には、ペリラルアルデヒドやリモネンという成分が含まれています。これはシソ特有の香りの成分で、殺菌作用があります。シソとエゴマの香りが違うのは、これらの成分の配合率が違うためですが、殺菌効果には変わりはありません。
　シソの葉が刺身に添えられるのは、その殺菌効果で腐敗菌が繁殖するのを防ぐということを経験的に知っていた昔の人の知恵ですが、エゴマの葉も同様に殺菌効果があり、同じような使い方ができます。
　このほか、近年の研究で、葉の成分がアトピーに効くという話も出ているようですが、まだはっきりしたことはわかっていないようで、今後の研究結果が期待されます。

エゴマ油の成分と効用

油の分類

油（脂肪）は、おおまかに次の3種類に分類することができます。

1. 動物性脂肪（肉、牛乳、卵など）
2. 植物性脂肪（大豆油、コーン油など）
3. 魚介類の脂肪（イワシ、サンマ、マグロなどに含まれる油）

また脂肪は、脂肪酸とグリセリンから構成されていますが、脂肪酸は、

A. 飽和脂肪酸
B. 不飽和脂肪酸

の2種類に分類されます。

Aの飽和脂肪酸は、動物性脂肪の主成分で、牛や豚等の脂身、人間のお腹についた脂肪などがこれに当たります。常温で個体の油ですから、摂りすぎると、血液をネバネバにして、動脈硬化、糖尿病の引き金になります。

Bの不飽和脂肪酸は、一価不飽和脂肪酸と多価不飽和脂肪酸の2つに分類されます。このうち、一価不飽和脂肪酸は動物性脂肪、オリーブ油、ナタネ油などに多く含まれています。摂りすぎると肥満の原因となりますが、現在のところ、それほど悪さをしない脂肪と考えられており、人間の体内で合成することができるため、食物として必ず摂取しなければならない「必須脂肪酸」ではありません。

多価不飽和脂肪酸にはα-リノレン酸系列とリノール酸系列があり、これらは体内で合成されない「必須脂肪酸」で、人が健康に活動していくために摂らなければならない栄養素です。

さて冒頭の分類にもどって考えると、1の動物性脂肪はAの飽和脂肪酸で必須ではありません。栄養摂取にあたって問題にしなければならないのは、2の植物性脂肪と3の魚介類の脂肪の中の必須脂肪酸です。

冒頭の分類を必須脂肪酸ごとにおおまかにくくってみると、

2. 植物性脂肪＝リノール酸系列
3. 魚介類の脂肪＝リノレン酸系列

となります。

リノレン酸の働き

エゴマ油の主成分はα-リノレン酸。つまり、エゴマ油は3の「リノレン酸系列」の油ということになります。

エゴマは植物なのに魚介類系の脂肪というのはおかしいようですが、この系列の油は植物油としてはエゴマ油（もしくはシソ油）、アマニ油だけなので、冒頭の分類では、おおまかに「魚介類」としました。

近年魚介類に含まれるDHA（ドコサヘキサエン酸）やEPA（エイコサペンタエン酸）が「血をサラサラにする」「頭が良くなる」栄養素として話題になりましたが、実はこのDHAやEPAは、リノレン酸が魚の体内で変化したもの。前駆体であるα-リノレン酸を多く含む植物プランクトンや海藻を食べた魚の体内で、α-リノレン酸がDHAやEPAに変換されていくので、魚油にはこの系列の脂肪酸が豊富に含まれているのです。

つまりDHA、EPA、リノレン酸は同系列の脂肪酸で、同じような働きをするといっていいでしょう。

序章　α-リノレン酸が豊富 エゴマの成分と効能

エゴマ油を搾油機で搾る（左）。黒種とエゴマ油

リノール酸過剰摂取の害を防ぐ

　リノール酸系列の脂肪酸とリノレン酸系列の脂肪酸は、体内で拮抗的な働きをします。

　リノール酸系列の油は、一般家庭で食用油として最も多く使われている大豆油、コーン油、ベニバナ油などです。実はこれら植物性の油は構造上不安定で酸化しやすく、体内に入ると過酸化脂質（アラキドン酸）になることが、近年の研究で明らかにされました。

　このアラキドン酸は、動物性脂肪に多く含まれ、体内でさまざまなホルモン様物質を発生させ、これがさまざまな病気を誘発する原因となります。いっぽうリノレン酸系列の油は、エゴマ油（＝シソ油）とアマニ油。「血をサラサラにする」「アレルギーの発生を防ぐ」「発ガン性物質の発生を抑制する」「頭を良くする」など、前述のリノール酸系列脂肪酸と反対の働きをして、成人病予防に役立つと注目されています。

　リノール酸を中心とした食事とリノレン酸を中心とした食事を比較した動物実験によれば、リノール酸の豊富な食事をつづけるとアレルギー疾患が起こりやすくなり、リノレン酸の豊富な食事を与えると皮膚がきれいになりアレルギー疾患も減少、記憶力や学習能力にも明らかに差が出るそうです。

　リノール酸にはコレステロールを低下させるなどの効果があるので、完全に「悪玉」とは断言できないのですが、リノール酸のコレステロール低下作用は短期的なもの、むしろ長期間多量に摂取するとガンや脳疾患、心筋梗塞、アレルギー体質の引き金になるという研究成果が出ています。つまり「過剰摂取」、摂りすぎることが問題を引き起こすわけです。

　最近の栄養指導では、リノール酸の摂取量を従来の半分に減らすように指導されていますが、リノレン酸を積極的に摂ることによって、リノール酸の過剰摂取による害を抑え、身体のバランスを整えることも重要です。リノール酸とリノレン酸の摂取比率は、魚を好んで食べる日本人の場合はで4対1ぐらい。魚をあまり食べない欧米人では10対1を超える人もいるそうです。現在の研究では、どのくらいが理想的なのか、まだはっきりしていないようですが、できれば1対1が好ましいという説も出ています。

　リノレン酸を積極的に摂取するには、魚を食べ、食用油にエゴマ油を取り入れるという食生活の改善が必要です。

第1章

健康増進の素
エゴマ油の活用メニュー

鉢植えのエゴマとエゴマ油

エゴマしょうゆドレッシング

エゴマ葉の包み焼き

1日10g（大さじ2/3杯強）のエゴマ油をいただくことで、毎日の健康が手に入ります。エゴマ油をおいしくいただく、いちばん手軽な方法はドレッシング。サラダだけでなくいろいろな料理に使ってヘルシーな食卓を楽しみましょう。

エゴマ塩ドレッシング

いちばんシンプルで、応用のきくドレッシングです。ニンニクやショウガのすりおろしなどを加えてつくってもいいでしょう。

材料
エゴマ油‥‥‥‥‥‥‥‥‥小さじ2杯
酢‥‥‥‥‥‥‥‥‥‥‥‥‥‥90cc
塩、コショウ‥‥‥‥‥‥‥‥‥‥少々

つくり方
分量の材料を全部小ボウルに入れて混ぜるか、ドレッシングボトルに入れてふり混ぜる。
★エゴマ油の酸化を避けるため、保存は必ず冷蔵庫に入れてください。　　（田畑）

応用 エゴマ葉とトマトのサラダ 塩

エゴマの葉の季節は夏。その時期にちょうど旬をむかえるトマトを、素揚げした葉と一緒にエゴマ塩ドレッシングでいただくシンプルなサラダです。エゴマ葉がない時期には、シソの葉を使ってもおいしくできます。

材料 (4人分)
エゴマの葉（生）‥‥‥‥‥‥‥‥4枚
トマト‥‥‥‥‥‥‥‥‥‥‥‥‥3個
タマネギ‥‥‥‥‥‥‥‥1/4個（70g）
レモン‥‥‥‥‥‥‥‥‥‥‥‥‥1個
揚げ油‥‥‥‥‥‥‥‥‥‥‥‥適宜
エゴマ塩ドレッシング
　エゴマ油‥‥‥‥‥‥‥‥‥小さじ1杯
　酢‥‥‥‥‥‥‥‥‥‥‥‥大さじ3杯
　塩、コショウ‥‥‥‥‥‥‥‥‥少々

つくり方
❶エゴマの葉は、洗ってザルにあげ、ペーパータオルで水けをふいて、素揚げにする。
❷トマトはヘタを取って皮をむき、食べやすくひと口大に切る。
❸タマネギはみじん切り、レモンは縦半分に切って薄切りにする。
❹分量の材料を混ぜ合わせ、エゴマ塩ドレッシングをつくる。
❺ボウルにトマト、タマネギと④を入れ、軽く混ぜ合わせ、味をととのえる。
❻素揚げにしたエゴマの葉を手で大きめにちぎって加え、ざっと混ぜる。器にレモンをしき、盛りつける。　　（田畑）

第1章　健康増進の素 エゴマ油の活用メニュー

エゴマしょうゆドレッシング

しょうゆの香りがきいて、エゴマ油のにおいが少々苦手な方にもいただきやすいドレッシングです。分量は好みで変えていただいてかまいません。自分がいちばんおいしいと思う味をみつけてください。保存は必ず冷蔵庫で。

材　料

エゴマ油	25cc
酢	25cc
しょうゆ	40cc
七味（または一味）唐辛子	少々

★保存は必ず冷蔵庫で。　　　　　（田畑）

応用　エゴマ葉の包み焼き　しょうゆ

ハンバーグのタネが少しだけ残ったときなどにもどうぞ。エゴマ葉でくるりとひと口に食べやすく巻いているので、お弁当のおかずにも最適。エゴマ葉の殺菌作用で安心です。

材　料（4人分）

エゴマの葉（生。大きめのもの）	8枚
ひき肉	120g
（豚、牛、合いびき、鶏いずれでもよい）	
水	大さじ2杯
タマネギ	50g
生シイタケ（大）	1枚
白ゴマ	大さじ2杯
しょうゆ	大さじ1/2杯
塩、コショウ	少々
エゴマ油	大さじ1杯
エゴマしょうゆドレッシング	
しょうゆ	大さじ2杯
酢	大さじ1/2〜1杯
エゴマ油	小さじ1/2杯

つくり方

❶エゴマ葉は洗って水けをきる。

❷タマネギ、生シイタケはみじん切り。白ゴマは煎ってひねりゴマにする（ゴマを少量ずつつまみ、指と指をひねり合わせて香りを出しながら容器に入れる）。

❸ボウルにひき肉と水を入れてこねる。

❹③に②、しょうゆ、塩コショウを入れて混ぜ合わせ、8等分する。

❺まな板の上に①のエゴマ葉を置き、④を葉の上に薄くのばし、手前からくるりと巻き、楊枝でとめる。これを8個つくる。

❻分量の材料を混ぜ合わせてエゴマしょうゆドレッシングをつくる。

❼フライパンを熱してエゴマ油をひき、⑤を転がしながら焼く。器に盛り、ドレッシングをつけていただく。　　（田畑）

注　ドレッシングの項の分量はある程度まとめてつくる場合の分量、レシピ中のドレッシングの分量は、その料理に対して必要なドレッシングの分量になっています。

さまざまなバリエーションでエゴマライフを楽しみましょう
エゴマ梅ドレッシング

エゴマ葉と
タラの春巻き

すりエゴマドレッシング
温野菜サラダ

エゴマ梅ドレッシング

さわやかな梅の香りが食欲をそそります。市販の練り梅でもかまいませんが、梅干しの種を取り、つぶしながらこしてつくるとさらに美味です。保存はやはり冷蔵庫で。

材料
エゴマ油……………………………大さじ2杯
酢……………………………………90cc
練り梅(または梅肉裏ごし)……大さじ2杯

つくり方
❶小ボウルに練り梅を入れ、酢を少しずつ加えてのばす。
❷エゴマ油を加えて混ぜる。　　（田畑）

応用 エゴマ葉とタラの春巻き 梅

エゴマの香りが少々苦手な人でも、梅の香りでさっぱりと食べられてしまいます。揚げ油で揚げてありますが、白身魚とエゴマの葉のヘルシーな組み合わせで、あっさりといただける春巻きです。

材料 (4人分)
エゴマの葉（生または塩漬け）………12枚
　※塩漬けは123ページ参照
甘塩タラ（切り身）……………………4切れ
プロセスチーズ…………5センチ分（100g）
春巻きの皮………………………………6枚
ノリ用の粉（薄力粉または片栗粉）…少々
揚げ油……………………………………適宜
盛りつけ用のエゴマ葉（生）…………5枚
エゴマ梅ドレッシング
　　エゴマ油………………………小さじ2杯
　　酢………………………………大さじ2杯
　　練り梅（または梅肉裏ごし）…小さじ2杯

＊材料は、甘塩タラのほか、エビや塩ザケ、メカジキ、サワラ、サンマ、サバ、その他の白身魚などを使ってもよい。

つくり方
❶エゴマ葉は洗い、布巾で水けをふき取る。
❷甘塩タラは皮と骨を除き、1切れを3等分して水に15分くらいさらし、水けをふき取る。
❸チーズは12等分に切る。
❹ノリ用の粉に水少々を加えてノリ状にする。
❺分量の材料を合わせ、エゴマ梅ドレッシングをつくる。
❻春巻きの皮を半分に切ってまな板の上に置き、エゴマの葉、チーズ、タラをのせて、ところどころに④のノリを少量塗って、包むように巻く。
❼揚げ油を熱し、高温（180℃）でカラリと揚げる。
❽器にエゴマ葉（生がなければシソの葉やサラダ菜で代用してもよい）をしき、揚げたての春巻きを盛りつけ、エゴマ梅ドレッシングでいただく。　　　　　　（田畑）

すりエゴマドレッシング

エゴマの風味とコクがたっぷり楽しめるドレッシングです。とはいえ、エゴマは「ゴマ」よりあっさりしているので意外とさっぱり風味。サラダ以外にも、焼き魚や豆腐、目玉焼きなど、何にかけてもおいしくいただけます。

材料
- すりエゴマ……………………大さじ4杯
- エゴマ油………………………小さじ2杯
- しょうゆ………………………80cc
- 酢………………………………40cc

つくり方
小ボウルに分量の材料を入れ、よく混ぜ合わせる。
★エゴマ油はたいへん酸化しやすいので、保存する場合には必ず冷蔵庫に。　（田畑）

応用 温野菜サラダ すりエゴマ

いつも冷たいサラダばかりでなく、たまには目先を変えて温野菜を食べましょう。野菜はゆでるとかさが減るので、生のときよりたっぷりと食べられます。エゴマの実と油の両方のおいしさを楽しめるすりエゴマドレッシングは、つくる直前にエゴマを煎ってすりエゴマにすると、香ばしさがひとしおです。

材料（4人分）
- グリーンアスパラ………………4本
- キャベツ………………………1/4個
- カボチャ………………………1/8個
- 赤ピーマン……………………1/2個
- 黄ピーマン……………………1/2個
- ソーセージ……………………8本
- 塩………………………………少々
- エゴマ油………………………小さじ1杯
- すりエゴマドレッシング
  - すりエゴマ…………………大さじ2杯
  - エゴマ油……………………小さじ1杯
  - しょうゆ……………………大さじ2杯
  - 酢……………………………大さじ1杯

つくり方
❶アスパラは、根元の固い部分を皮むき器でむき、1本を3等分に切る。
❷キャベツは葉をほぐす。
❸カボチャは種を取り、1センチ幅のクシ形に切る。
❹鍋に湯をわかし、塩少々を入れて①②③を別々にゆで、ザルにあげて水けをきる。最後にソーセージも入れてゆでておく。
❺すりエゴマドレッシングの材料を混ぜる。
❻器にゆでた野菜とソーセージを盛り、温かいうちに、すりエゴマドレッシングをかけていただく。　（田畑）

じゅうねん味噌ドレッシング

オカヒジキとおろしニンジンのサラダ

エゴマ塩ドレッシング

鶏肉のエゴマ葉包み焼き

エゴマしょうゆドレッシング

鉄板焼き

27

じゅうねん味噌ドレッシング

福島県北部では、エゴマを「じゅうねん」と呼びます。この地方の郷土食・じゅうねん味噌を使ったドレッシングは、エゴマ特有の少々クセのあるにおいを消して誰にでもいただきやすい素朴な味。どんな料理にもよく合います。

材　料

エゴマ油……………………………50cc
玄米酢………………………………60cc
しょうゆ……………………………20cc
エゴマ味噌（60ページ参照）……大さじ1杯

つくり方

❶小ボウルに分量のエゴマ味噌を入れ、玄米酢を少しずつ加えてのばし、しょうゆも入れる。
❷エゴマ油を加えて混ぜる。　　（村上）

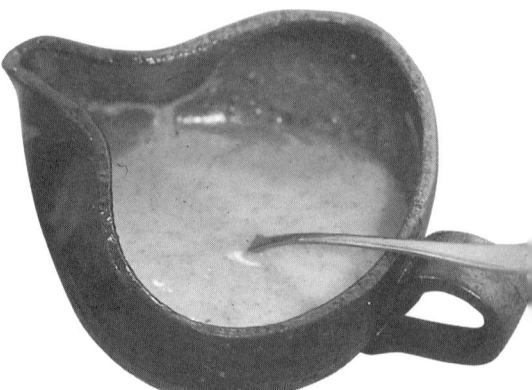

応用 オカヒジキとおろしニンジンのサラダ 味噌

葉の形が海藻のヒジキに似ている「オカヒジキ」は東北地方でよく食べられるビタミンたっぷりの夏野菜ですが、最近は関東方面にも出荷されているようです。またニンジンとエゴマ油の組み合わせは、福島県立医科大学の星野仁彦博士が自らガンを克服して提唱している「ゲルソン療法」ですすめられています。健康いっぱいのヘルシーサラダです。

材　料 (4人分)

エゴマの葉（生）……………………8枚
キュウリ………………………………1本
トマト…………………………………1個
卵………………………………………1個
タマネギ……………………………1/2個
オカヒジキ……………………………少々
すりおろしたニンジン………大さじ2杯分
じゅうねん味噌ドレッシング………適宜

つくり方

❶エゴマ葉は洗って水けをふく。
❷キュウリは斜め切り、トマトはクシ形切りに。タマネギは薄切りにして水にさらす。
❸オカヒジキはさっとゆでる。
❹卵はゆでて、黄身を裏ごしする。白身は食べやすい大きさに切る。
❺器に①②③と卵の白身を盛り、裏ごしした黄身をふりかけ、すりおろしたニンジンをのせる。
❻じゅうねん味噌ドレッシングをかけていただく。　　　　　　　　（村上）

第1章 健康増進の素 エゴマ油の活用メニュー

鶏肉のエゴマ葉包み焼き 塩

韓国では、エゴマ油もエゴマ葉もごく一般的によく食べられています。焼き肉をエゴマ葉で巻いて食べる習慣にヒントを得て、低カロリーの鶏ささみを使ったヘルシーメニューにしてみました。

材料(4人分)
- 鶏ささみ‥‥‥‥‥‥‥‥‥‥‥‥4本
- エゴマの葉（生または塩漬け）‥‥‥‥8枚
  ※塩漬けは123ページ参照
- エゴマ葉のキムチ‥‥‥‥‥‥‥‥‥8枚
  ※つくり方96ページ参照
- 塩、コショウ、コチュジャン‥‥‥‥少々
- エゴマ油‥‥‥‥‥‥‥‥‥‥‥‥適宜
- エゴマ塩ドレッシング
  ※つくり方20ページ参照

つくり方
❶ささみは半分に切り、軽く塩コショウする。
❷エゴマ葉が生の場合はさっと熱湯に通す。塩漬けは10～15分水につけて塩抜きする。
❸フライパンを熱してエゴマ油をひき、①を転がしながら焼く。
❹生または塩抜きしたエゴマ葉の上に葉キムチを重ね、コチュジャン少々を塗って③の鶏肉をのせ、くるりと巻く。
❺器に盛り、エゴマ塩ドレッシングをつけていただく。
(村上)

鉄板焼き しょうゆ

エゴマ油で焼き上げて、エゴマドレッシングをつけていただきます。野菜は、このほかキャベツ、カボチャ、オクラなど。キノコ類も何を使ってもかまいません。いろいろ工夫して、おいしくいただきましょう。

材料(4人分)
- エゴマの葉（生または塩漬け）‥‥‥30枚位
  ※塩漬けは123ページ参照
- 焼き肉用牛肉‥‥‥‥‥‥‥‥‥‥400g
- ナス‥‥‥‥‥‥‥‥‥‥‥‥‥‥4個
- ピーマン‥‥‥‥‥‥‥‥‥‥‥‥4個
- タマネギ‥‥‥‥‥‥‥‥‥‥‥‥2個
- マイタケ‥‥‥‥‥‥‥‥‥‥‥‥200g
- エリンギ‥‥‥‥‥‥‥‥‥‥‥‥200g
- エゴマ油‥‥‥‥‥‥‥‥‥‥‥‥適宜
- エゴマしょうゆドレッシング‥‥‥‥適宜
  ※つくり方21ページ参照

つくり方
❶エゴマ葉が塩漬けの場合、約10～15分水につけて塩抜きし、ザルにあげて、よく水けをきる。生の場合はさっと熱湯に通す。
❷分量の調味料を混ぜてエゴマしょうゆドレッシングをつくる。
❸肉と野菜は食べやすい大きさに切る。エリンギは1センチの斜め切り。マイタケは小房に分ける。
❹ホットプレート（または鉄板かフライパン）にエゴマ油をひき、③の肉と野菜を焼く。
❺焼き上がったら、エゴマ葉で包み、エゴマしょうゆドレッシングをつけていただく。
★好みで、エゴマしょうゆドレッシングにおろしニンニクを加えてもおいしくいただけます。
(田畑)

エゴママヨネーズ
ポテトサラダ

揚げナスのエゴマだれ

ニガウリのエゴマ油炒め

エゴマママヨネーズ

エゴマ油を使って、ひと味違う手づくりマヨネーズをつくりましょう。残ったら密閉して冷蔵庫へ。できるだけ早めに食べきってください。

材料

- エゴマ油……………………50～60cc
- 酢……………………………大さじ2杯
- 卵黄…………………………1個分
- 塩、コショウ………………少々

つくり方

❶ボウルに卵黄と酢を入れ、泡立て器でよく溶きほぐす。

❷エゴマ油をごく少量ずつ加えながら、泡立て器でたえず撹拌し、なめらかに仕上げて塩コショウで味をととのえる。　（田畑）

応用 ポテトサラダ マヨネーズ

いつものポテトサラダも、手づくりのエゴマママヨネーズでよりヘルシーに変身です。アボカドは時間がたつと変色するので、置いておくときはレモン汁をふってください。

材料（4人分）

- ジャガイモ……………中3個（400g）
- 焼き豚………………………………40g
- キュウリ……………………………1本
- タマネギ…………………………1/4個
- ニンジン……………………………30g
- アボカド……………………………1個
- レモン………………………………1個
- エゴマママヨネーズ………………適宜
- 塩、コショウ………………………少々
- すりおろしニンニク………………少々

つくり方

❶ジャガイモは皮をむき、ひと口大に切ってゆでる。やわらかくなったらゆで汁を捨てて火にかけ、鍋をゆすりながら水分をとばして粉ふきにする。

❷焼き豚は食べやすく細切りにする。

❸キュウリは小口の薄切り。タマネギは薄切り、ニンジンはせん切りにし、それぞれに塩をふってしばらくおく。

❹アボカドは半分に切って種を取り、7ミリ厚さぐらいの半月に切る。レモンは薄いイチョウ切りにする。

❺ボウルに①②、水けを絞った③、エゴマママヨネーズ、塩コショウ、ニンニクを入れ、混ぜ合わせる。

❻器に④を並べて中央に⑤を盛る。

★ジャガイモをゆでるときには、塩は入れないのがコツ。塩を入れるとベタついて、うまく粉がふきません。　（田畑）

揚げナスのエゴマだれ しょうゆ

熱々をいただいてもおいしいのですが、たれをかけて冷蔵庫に入れて冷たくしていただいても美味です。ナスを上手に揚げると、翌日まで置いておいても色が変わりません。

材料（4人分）

エゴマの葉（生または塩漬け）	5枚
※塩漬けは123ページ参照	
ナス	4個
レタス	少々
エゴマしょうゆドレッシング	適宜
※つくり方21ページ参照	
ニンニク	1片
塩	少々
揚げ油	適宜

つくり方

❶ エゴマの葉は、生の場合はさっと熱湯に通し、塩漬けの場合は10〜15分水にさらして塩抜きする。水けをきり、縦4等分にしてからせん切りに。ニンニクはすりおろす。

❷ エゴマしょうゆドレッシングに①とニンニク、塩を加えて混ぜ合わせ、たれをつくる。

❸ ナスはヘタを取って縦半分に切り、皮側に切り込みを入れて素揚げにし、油をきる。

❹ 器にレタスをしいて③を盛り、②のたれをかける。　　　　　　　　　　　（田畑）

ニガウリのエゴマ油炒め

沖縄料理ではたいてい豚肉と一緒に料理されているニガウリですが、牛肉にだってよく合います。カレー粉とエゴマ油の風味でほろ苦さがやわらいでマイルドな味です。

材料（4人分）

ニガウリ	2/3本
牛薄切り肉	100g
エノキダケ	100g
エゴマ油	大さじ1杯
カレー粉	小さじ1杯
塩、コショウ	少々

つくり方

❶ ニガウリは縦半分に切って種とワタを除き、3ミリぐらいの薄切りにして塩少々をふり、しんなりしたら水けを絞る。

❷ 薄切り肉はひと口大に切り、エノキダケは根元を除いて2等分する。

❸ 分量のエゴマ油とカレー粉を鍋に入れ、火にかけて軽く炒め、肉も加えて炒める。

❹ 肉の色が変わったら、ニガウリとエノキダケを加えて炒め、塩コショウで味をととのえて手早く仕上げる。

★ニガウリの苦みが気になる人は、切ってから塩をふってしんなりさせたあと、軽く水洗いしてから絞ると、苦みがやわらぎます。　　　　　　　　　　　（田畑）

いつもの油をエゴマ油に代えるだけで食卓がヘルシーに生まれ変わります

アサリのエゴマ油炒め

卵焼き

ダイレクトに「飲む健康法」

**エゴマ入り
ニンジンジュース**

アサリのエゴマ油炒め

炒めものなど、ふだんの料理にもエゴマ油を使ってみてください。アサリには海水の塩分が含まれているので、塩加減は必ず味見してから調整しましょう。

材料（4人分）
- アサリ（殻つき）……………………40粒
- エゴマの葉（生）……………………6枚
- ニンニク……………………………1片
- エゴマ油……………………………大さじ1杯
- 酒……………………………………50cc
- 塩、コショウ………………………少々

つくり方
❶アサリは貝殻と貝殻をこすり合わせてよく洗い、ザルにあげて水けをきる。
❷エゴマ葉はさっと熱湯に通し、粗みじんに切って水けを絞る。
❸ニンニクはみじん切りにする。
❹鍋にエゴマ油とニンニクを入れて火にかける。ニンニクの香りがしてきたらアサリと酒を加えてフタをする。
❺アサリの口が開いたら、火を弱めて味見をし、塩コショウで味をととのえ、②のエゴマ葉を加えてさっと混ぜて火を止める。
（田畑）

卵焼き

朝の卵料理もエゴマ油でヘルシーに。ここではコチュジャンを使いましたが、もちろんケチャップやソースでも、お好みで使ってください。

材料（4人分）
- 卵……………………………………3個
- だし汁………………………………1/2カップ
- 砂糖…………………………………小さじ1杯
- エゴマ油……………………………大さじ1杯
- コチュジャン………………………適宜
- レタス………………………………適宜

つくり方
❶ボウルに卵を割りほぐし、だし汁と砂糖を加えて混ぜる。
❷フライパンを温めて、エゴマ油をひき、①を流し入れて焼く。
❸器にレタスをしき、②を盛ってコチュジャン少々を塗る。
（村上）

エゴマ入りニンジンジュース

朝の1杯のジュースで、手軽においしく健康を手に入れましょう。ニンジンもエゴマ油も両方少し独特のクセがあるのに、一緒にすると、あら不思議。どちらも気にならず、さらりと飲めます。

材料（1人分）
- ニンジン……………………………1本
- エゴマ油……………………………大さじ1杯

つくり方
❶ニンジンをジューサーにかけて搾る。
❷コップに入れ、エゴマ油を注ぐ。
★エゴマ油などα-リノレン酸を含む油脂とニンジンを一緒に摂ると、お互いの栄養効果が上がるという報告があります。味の濃厚な冬ニンジンでの手づくりジュースが理想的ですが、まずは市販の缶ジュースから始めてもいいでしょう。
（村上）

第2章

エゴマを生かした伝統料理バラエティー

エゴマ餅

エゴマ餅

ヨモギ入りエゴマ餅

モチアワ入りおはぎ

エゴマ餅 実

福島県中北部の郷土料理に「さい餅」という、すった豆腐に味噌を加えた甘くないあんで食べるお餅があります。また「じゅうねん餅」といってエゴマ（＝じゅうねん）の甘いあんで食べるお餅もあります。この2つをアレンジして、豆腐とエゴマを使い、砂糖と酒を加えてほんのり甘く、だれにでも好まれるようなレシピに仕立てました。エゴマ料理の講習会や試食会で大好評の、エゴマ伝統料理の代表格です。

材　料（4人分）

エゴマ	2/3カップ
豆腐	1/4丁
砂糖	大さじ2杯強
しょうゆ	大さじ1と1/2杯
酒	少々
餅	適宜

★餅はつきたてのやわらかいものを使うのがいちばんですが、ない場合には、切り餅を焼いて使います。

エゴマの黒種

つくり方

❶エゴマは鍋またはホウロクでから煎りする。パチパチと3粒はねたら、火を止めてすり鉢に入れ、する。
❷豆腐は水きりしておく。
❸①に分量の砂糖、しょうゆ、大きくくずした②を入れて、さらによくすり混ぜる。
❹酒少々を加え、湯を加えて少しのばし、鍋にあける。すり鉢に再び少量の湯を加え、ヘラなどでよくこそげて残りのエゴマも全部鍋の中に入れる。
❺中火にかけ、ときどきかき混ぜながら、トロリとするまで煮る。
❻⑤の鍋に餅を入れてエゴマあんをからませ、器に盛って温かいうちにいただく。

★あまり煮すぎると、エゴマあんの中で餅が溶けてドロドロになってしまうので、温かいあんの中に温かい餅を入れ、からませる程度で火を止めるのが、おいしく仕上げるコツです。

（村上）

ヨモギ入りエゴマ餅 **実**

エゴマと一緒に春のほろ苦い香りのヨモギをつき込んだ、風味豊かな素朴なお餅です。そのまま食べても、「エゴマ餅」で使った「エゴマあん」にからめて食べても美味です。

材料（4人分）

- もち米･･････････････････････3合
- ヨモギ（葉先をつんでゆで、絞ったもの）
  ････････････････････････軽くひとつかみ
- エゴマ･･････････････････1/3カップ
- 片栗粉･･････････････････････適宜

★ヨモギは季節ものなので、とれたときにゆでて冷凍保存しておくと便利です。室温で放置して解凍し、餅につき入れます。

つくり方

❶ヨモギは葉だけをつんでやわらかめにゆで、水に浸して粗熱を取り、よく絞る。
❷エゴマは鍋またはホウロクでから煎りし、すっておく。
❸餅をつき、でき上がる寸前に①をほぐし入れ、②は飾り用に少し残して加え、つく。
❹餅がつき上がったら、直径5センチくらいにちぎって片栗粉の上で丸める。飾りに、すったエゴマ少々をふりかけ、温かいうちにいただく。

(村上)

モチアワ入りおはぎ **実**

もち米とうるち米を混ぜて炊いたご飯を半つぶしにして丸めるのがふつうですが、雑穀のおいしい食べ方の紹介も兼ねて、モチアワを使いました。小豆あんやきな粉で食べてもかまわないのですが、ここではやはりエゴマで食べていただきたいものです。

材料（5～6人分）

- もち米･･････････････････････3合
- もちアワ････････････････････1合
- エゴマ･･････････････････････1カップ
- 砂糖････････････････････････適宜
- 塩･･････････････････････････少々

★もちアワがない場合には、もち米とうるち米を7対3の割合で炊いたご飯を使ってふつうの「おはぎ」にしてもかまいません。

つくり方

❶分量のもち米ともちアワをとぎ、水に30分以上浸して、少なめの水加減で炊く。炊き上がったら10分蒸らし、しゃもじで全体が均一になるようによく混ぜておく。
❷エゴマは鍋かホウロクでから煎りし、すって、砂糖と塩を混ぜる。
❸①を手にとって軽く握り（やわらかいので、手で握っただけでご飯粒がつぶれる）、丸めて②の中で転がし、器に盛る。

★もち米を炊く水加減は、昔は「お箸1本分」などといったもので、これは、米の上、お箸1本分くらいの高さくらいまで水を張れということです。
★写真では白エゴマをすったものを使いましたが、もちろん黒エゴマを使ってもかまいません。また、きな粉を使って最後にすりエゴマをパラリとかけてもかまいません。
★真夏に冷たく冷やしていただくのもいいのですが、通常は温かいほうがおいしいので、残ったり食べるまで時間があくときは、団子状にしたものを炊飯ジャーに入れて保温しておき、食べる直前にすりエゴマをつけて食卓に出します。

(村上)

玄米酵母のエゴマお焼き

キビだんごエゴマかけ

エゴマ葉包み餅

玄米酵母のエゴマお焼き 実 油

ほんのり酸味があっておいしいのは、天然酵母を使っているから。水を一切使わず、水状の玄米酵母で生地を練ってつくります。ここではゼンマイあんにしましたが、ヒジキやキンピラ、おから煎りなど、残ったおかずをあんにして手軽につくれます。

材料（4人分）

- 地粉（中力粉）……………………200g
  ※地粉が手に入らない場合は薄力粉100gと強力粉100gを混ぜて使います。
- 玄米酵母（つくり方は下記参照）……120cc
- すりエゴマ……………………………大さじ2杯
- 砂糖……………………………………大さじ2杯
- 塩………………………………………少々
- あん
  ゼンマイ（乾）、ニンジン、コンニャク、オカヒジキ、だし、しょうゆ、みりん、エゴマ油
- エゴマ油………………………………適宜

つくり方

❶地粉、すりエゴマ、砂糖、塩を混ぜる。
❷分量の玄米酵母を鍋に入れて火にかけ、30℃まで温める。
❸①に②を加え、耳たぶくらいの固さにまとめ、固く絞ったぬれ布巾で包んで常温で8時間ねかせて発酵させる。
❹あんをつくる。ゼンマイをぬるま湯でもどし、食べやすい大きさに切る。コンニャクはゆでてマッチ棒大の拍子木切り。ニンジンはコンニャクと同じ大きさに切る。
❺オカヒジキはゆでておく。
❻鍋にエゴマ油少々を入れて④を炒め、だしを加えて煮、しょうゆとみりんで味つけし、冷まして⑤を混ぜる。
❼8時間たつと③は発酵してふくらむので、軽くたたみ直してガスを抜き、粉（地粉または薄力粉。分量外）をつけて丸める。
❽中央をへこませて汁けをきった⑥を入れ、口を閉じてまとめる。
❾ホットプレートまたはフライパンを熱して薄くエゴマ油をひき、両面にこんがりと焼き色がつくまで焼く。

（村上）

玄米酵母のつくり方

材料（4人分）

- 玄米……………………………………1カップ
- ハチミツ………………………………1カップ
- 水………………………………………5カップ

つくり方

❶玄米を水洗いし、ひたひたの水（分量外）につけて常温でおく。1日1回水を替える。
❷2～3日して芽が5ミリくらい出てきたら、ミキサーですりつぶして粉状にする。
❸分量のハチミツと水も加えて再びミキサーを回し、全体をよく混ぜる。
❹取り出して広口びんに入れ、上ブタをゆるめて（発酵してガスが出るため）常温でねかせる。
❺白い粉状のものがびんの下に沈むので、1日1回上下を返してかき混ぜる。4日ほどで「基種（もとたね）」のでき上がり。冷蔵庫で1ヶ月くらい保存できる。

★使うときは、基種そのままでなく、基種1カップに対してハチミツ1カップ、水5カップの割合で混ぜて常温で4日間ねかせたものを使います。ふやした酵母も、4日たったら冷蔵庫で保存しましょう。（村上）

キビだんごエゴマかけ （実）

今では「桃太郎」の世界だけのものになってしまってほとんど見かけないキビだんごですが、これが実際つくってみると、今の子供たちにも大好評。赤キビ粉はチョコレート色をしているので、子供たちは「チョコレートだんご」と大喜びで、つくったおばあちゃんも思わず顔がほころびます。キビは冷めると固くなるので、温かいうちにいただきましょう。

材料 （4～5人分）

赤キビ粉	2カップ
エゴマ	1カップ
砂糖	60g
塩	少々

★好みで砂糖を加減して甘さを調節してください。

つくり方

❶エゴマは鍋かホウロクでから煎りし、すり鉢でする。砂糖と塩も加え、よくすり混ぜておく。
❷赤キビ粉に熱湯を少しずつ加え、力を入れてよくこねる。耳たぶくらいの固さになったら、ピンポン玉大にちぎって丸める。
❸大きめの鍋にたっぷりの水を入れて火にかけ、沸騰したら②を入れてゆでる。
❹キビだんごが浮き上がってきたら、網じゃくしですくい、①をまぶして、温かいうちにいただく。　　　　　　（村上）

エゴマ葉包み餅 （葉）

餅をシソの葉で包む食べ方は昔から伝わっていて、シソの葉の殺菌作用が明らかにされていない時代から、人々は経験で、そうすれば餅が長もちすると知っていました。エゴマの葉もシソの葉と同じような殺菌作用があるので、同じことができます。今の真空パックほどにはもちませんが、ただの殺菌保存ではなく、ほんのり葉の風味がついて、おいしくなるところがミソです。

材料

餅	適宜
エゴマの葉（生）	適宜
エゴマ	少々

つくり方

❶餅をつき、つきたてを、エゴマの葉の大きさに合わせてちぎって平べったく丸める。
❷飾り用にエゴマをぱらりとかけ、エゴマの葉で包む。

食べ方

・つくりたてをそのまま
・少し置いて固くなったものは、そのまま（葉ごと）焼いて、しょうゆをつけて食べる。　　　　　　　　　　　　（村上）

エゴマうどん

エゴマうどんの鶏五目あんかけ

エゴマ冷やだれ

エゴマけんちん

エゴマうどん 実

すりエゴマを練り込んでいるので、一見すると蕎麦のようにも見えますが、独特のコクとひなびた風情は、エゴマならでは。夏場にぴったりの、冷たいエゴマだれを添えました。このタレは、しょうゆ味なのにエゴマの風味で「コクのある味噌汁」のような感じで、意外にさっぱり味です。ふつうのうどんやそうめんにつけても、またドレッシングに混ぜるなど調味料として使ってもおいしいですよ。

材料 (4人分)

- 地粉（中力粉）……………………400g
  - ※地粉が手に入らない場合は、薄力粉200gと強力粉200gを混ぜて使ってください。
- すりエゴマ……………………………40g
- ぬるま湯……………………………150cc
- 塩……………………………小さじ1杯
- エゴマだれ
  - ※つくり方は下記参照
- 薬味（キュウリ、シソの葉、ショウガなど）……………………………適宜

つくり方

❶地粉とすりエゴマは混ぜておく。
❷分量のぬるま湯に塩を加えて溶かし、①に少しずつ加えてよくこねる。
❸耳たぶくらいの固さにまとまったら、ビニール袋をしいた上に丸めた生地をのせ、上からもビニール袋をかぶせ、足で踏む。よく踏んで生地が薄く広がったら、たたみ直して最低もう1回は同様に踏む。よく踏めば踏むほどコシのあるいい生地になる。
❹ぬれ布巾で包んで常温で2時間ねかせる。
❺打ち板（なければ、平らなテーブルの上にビニール袋をしく）に打ち粉（地粉または薄力粉。分量外）をたっぷりふり、生地を置く。打ち粉をたっぷりふりながら、めん棒で好みの厚さにのばす。
❻のばした生地を屏風（びょうぶ）のようにたたみ、包丁を向こう側に押すようにして切る。
❼薬味を準備する。キュウリ、シソの葉、ショウガをせん切りにする。
❽大きめの鍋にたっぷりの湯をわかし、打ち粉をざっとはらった⑥を入れてゆでる。うどんの太さによってゆで時間が違うので、1本取り出して指で切ってみて確認すること。
❾うどんがゆで上がったら、ザルにあげて流水でよく洗い、器に盛って薬味を添える。
❿エゴマだれをつけていただく。
★ここでは夏場においしい「冷やだれ」で食べる方法を紹介しましたが、もちろん温かいつゆに入れて食べても美味。　（村上）

エゴマ冷やだれのつくり方

材料

- エゴマ……………………………1/2カップ
- だし汁……………………………1と1/2カップ
  - （煮干し、干しシイタケ）
- しょうゆ……………………………適宜
- みりん……………………………大さじ2杯
- ★だしは昆布、カツオ節など、各家庭で好みのものを使ってくださってかまいません。

つくり方

❶エゴマはよくすっておく。
❷だし汁をつくる。
❸分量のだし汁にすりエゴマを加え、しょうゆ、みりんで好みに味をととのえ、冷蔵庫に入れて冷やす。　（村上）

第2章　エゴマを生かした 伝統料理バラエティー

エゴマうどんの鶏五目あんかけ 実 油

ゆでたエゴマうどんに、中華風の五目あんをかけました。横須賀の自然食グループとの交流で「八宝菜をかけたらおいしそう」という話が出たことから思いついたアイデアです。このほかいろいろ材料を工夫してつくってみてください。

材　料 (4人分)

エゴマうどん……………………4人分
　※つくり方は左ページ参照
鶏五目あん
　鶏肉、キャベツ、タマネギ、ダイコン、ニンジン、エゴマ油、しょうゆ、みりん、コショウ、片栗粉各適宜

つくり方

❶エゴマうどんをつくる。10センチ長さくらいに切っておくと食べやすい。
❷鶏五目あんの材料を全部食べやすい大きさに切り、エゴマ油で炒めて、しょうゆ、みりんで味をととのえ、コショウ少々をふって水溶き片栗粉でとろみをつける。
❸①をゆでて皿に盛り②をかける。（村上）

エゴマけんちん 油

野菜を炒めて豆腐を入れる「けんちん汁」は、ゴマ油を使うところが多いようですが、私はやはりエゴマ油をおすすめします。これ1杯でおかずになる汁ものです。

材　料 (4人分)

エゴマ油………………………大さじ2と1/2杯
鶏もも肉…………………………80g
ジャガイモ………………………2個
ニンジン…………………………1本
長ネギ……………………………1本
ゴボウ……………………………20センチ分
ダイコン…………………………8センチ分
豆腐………………………………1/2丁
コンニャク………………………1/4枚
鶏ガラ……………………………1羽分
干しシイタケ……………………3枚
しょうゆ…………………………大さじ2杯
味噌………………………………大さじ2杯
みりん……………………………少々
酒…………………………………少々

つくり方

❶鶏ガラスープをとる。鶏ガラを洗い、水からゆでて沸騰したら湯を捨て、流水でよく洗う。鍋に水と洗った鶏ガラを入れ、30分煮る。
❷干しシイタケは水につけてもどし、イチョウ切りにする。
❸鶏肉はひと口大に切る。ジャガイモは皮をむき、食べやすい大きさに切る。ダイコン、ニンジンはイチョウ切り、ゴボウはささがき、長ネギは斜め切りにする。
❹コンニャクはゆでて、スプーンなどで食べやすい大きさにちぎる。
❺鍋に分量のエゴマ油を入れて熱し、豆腐とネギ以外の材料を入れて炒める。
❻材料に火が通ったら、①の鶏ガラスープと干しシイタケのもどし汁を入れて煮る。
❼しょうゆ、味噌、みりん、酒で味つけする。
❽豆腐を手でくずしながら加え、長ネギも入れて火を止め、器に盛る。　　（村上）

ウドのエゴマあえ

インゲンのエゴマあえ

ダイコン若葉のエゴマあえ

ダイコン炒り エゴマかけ

ウドのエゴマあえ 実

春先になると顔を出す、香りの高い野趣豊かなウドは、エゴマあえに最適の素材です。エゴマはゴマより少しさっぱりしているのですが、その風味がウドの香りを邪魔せず生かしてくれるような気がします。皮つきのほうが風味がいいので、細くてやわらかいウドを見かけたら、ぜひ皮をむかずにつくってみてください。

材料（4人分）
- ウド（30センチくらいのもの）……4本
- エゴマ……………………………1/3カップ
- 味噌………………………………大さじ2杯
- 砂糖………………………………大さじ3杯
- 酒…………………………………少々

つくり方
❶ウドは根元の固いところを除き、2センチ長さに切る。やわらかくなるまでゆでて水にとってアクを抜き、ザルにあげて水けをきる。

❷エゴマは鍋かホウロクでから煎りし、すり鉢ですって味噌、砂糖、酒を加え、さらによくすり混ぜる。味見して好みの味に加減する。

❸水けをよく絞った①を②に入れてあえ、器に盛る。

★あえ衣の味つけは、味噌の代わりにしょうゆを使ってもおいしいです。甘さも好みで加減して、自分好みの味を見つけてください。

★ウドが大きくて皮が固いときには皮をむきますが、細くてやわらかい場合には皮をむかないほうが風味があっておいしいです。

（村上）

インゲンのエゴマあえ 実

ウドは季節ものなので、年間を通していちばん食卓に登場するエゴマあえは、このインゲンではないかと思います。あえ衣は、ウドのエゴマあえと同じです。このあえ衣はエゴマあえの基本の味つけなので、いろいろな材料に応用できます。味噌味、しょうゆ味と、材料やその日の気分によって楽しんでください。

材料（4人分）
- インゲン…………………………100g
- エゴマ……………………………2/3カップ
- 味噌………………………………大さじ2杯
- 砂糖………………………………大さじ3杯
- 酒…………………………………少々

つくり方
❶インゲンはゆでて食べやすい大きさに切る。

❷エゴマをすり、味噌、砂糖、酒を加えてさらにすり混ぜ、味見して好みの味に加減する。

❸①を②であえ、器に盛る。

★ウドのエゴマあえ同様、味噌の代わりにしょうゆを使ってもおいしいです。

★このほかエゴマあえは、クレソン、ホウレンソウ、コマツナ、ワカメなど、いろいろな材料でバリエーションが楽しめますので、いろいろお試しください。

（村上）

ダイコン若葉のエゴマあえ 実

最近都会ではダイコンの葉をあまり見かけなくなってしまいましたが、これがビタミンたっぷりでおいしい野菜なのです。農業をしているおかげで、そういった材料には事欠きませんが、なかでもおいしいと思うのが、間引きダイコンの若葉です。みずみずしくてやわらかく、家庭菜園などでダイコンをつくっていらっしゃる方には、ぜひ試していただきたい味です。手に入らない場合は、少し固いですが、普通のダイコンの葉でつくってみてください。

材料(4人分)
- ダイコンの若葉……………………8本分
- エゴマ………………………………大さじ3杯
- しょうゆ……………………………小さじ2杯
- 砂糖…………………………………小さじ2杯
- 酒……………………………………少々

つくり方
❶ ダイコン葉は色よくゆでて水にとって冷まし、水けを絞って食べやすい大きさに切る。
❷ エゴマをすり、砂糖、しょうゆ、酒で味つけする。
❸ ①を②であえ、器に盛る。　　　(村上)

ダイコン炒り エゴマかけ 実 油

郷土料理といっていいのかどうかわかりませんが、福島県阿武隈周辺の農家では「ダイコン炒り」という、せん切りのダイコンを炒めた料理をよくつくります。味噌味、しょうゆ味と、味つけはその家庭によりさまざま。まさに庶民的な「家庭の味」です。そして、この料理にすりエゴマがよく合うのです。

材料(4人分)
- ダイコン……………………………1/3本
- しょうゆまたは味噌………………大さじ3杯
- みりん………………………………少々
- すりエゴマ…………………………大さじ2杯
- 一味唐辛子…………………………少々
- エゴマ油……………………………適宜

つくり方
❶ ダイコンはせん切りにする。
❷ 鍋にエゴマ油を多めにひいて火にかけ、①を入れて炒める。
❸ ダイコンが透き通ってきたら、しょうゆ(または味噌)とみりんで味つけし、すりエゴマも加える。
❹ 全体がアメ色になり、ダイコンがやわらかくなったら、火を止めて唐辛子少々をふる。
　　　　　　　　　　　　　　　　(村上)

リンゴの白あえ

エゴマきんぴら

ニンジンとコンニャクの白あえ

リンゴの白あえ 実

リンゴの産地でよくつくられる料理です。リンゴのサクッとした歯触りと、ほんのりとした甘酸っぱさが豆腐とエゴマによく合って、子供たちにも喜ばれます。リンゴの皮をむかないでつくっても色がきれいですが、そのときは皮の固さが気にならないよう、リンゴは少し薄めに切ってください。

材料 (4～5人分)

リンゴ	1個
豆腐	1/2丁
エゴマ	大さじ2杯
砂糖	大さじ2杯
塩	少々

★リンゴは小型でやわらかいものを使うとおいしいです。紅玉がいいのですが、最近あまり見かけないのがちょっと残念です。

つくり方

❶豆腐は水きりしておく。

❷エゴマは鍋かホウロクでから煎りし、すり鉢に入れてする。エゴマがすれたら、飾り用にひとつまみ取り分けておく。

❸残りのエゴマの入ったすり鉢に水きりした豆腐を入れてすり、砂糖と塩で味つけする。

❹リンゴは8つ割りにして皮をむき、薄切りにする。

❺③に④を入れて手早くあえる。

❻器に盛り、②で取り分けておいたすりエゴマをかける。

★リンゴは切ったままおいておくと空気に触れて変色するので通常は塩水につけますが、白あえの場合はそうすると水っぽくなってしまうので、あえる直前に切って手早くあえます。よくあえてしまえば、もう色は変わりません。 （村上）

エゴマの白種

第2章　エゴマを生かした 伝統料理バラエティー

エゴマきんぴら 油

おなじみのきんぴらも、エゴマ油の風味でいただくと、ひと味違います。お好みでニンジンを入れたり、ご家庭のそれぞれの味で工夫してみてください。

材料（4〜5人分）

ゴボウ	1本
しょうゆ	大さじ1杯
みりん	少々
酒	大さじ2杯
エゴマ油	大さじ2杯

つくり方

❶ゴボウは包丁で皮をこそぎ取り、長さ4センチの拍子木切りにする。水にさらし、ザルにあげて水けをよくきる。
❷鍋にエゴマ油を入れて火にかけ、①を炒めて、しょうゆ、みりん、酒で味つけする。
★仕上げに一味や七味唐辛子などをふってもいいでしょう。　　　　　　　（村上）

ニンジンとコンニャクの白あえ 実

家族が少ないと、コンニャク1枚を買っても使いきれないことがありますね。味噌汁に入れた豆腐の残りが冷蔵庫に入っていることもよくあります。そんなとき、手軽にできておいしいひと品がこれ。どこか懐かしい味がします。

材料（4〜5人分）

ニンジン	2本
コンニャク	1/2枚
しょうゆ	少々
だし	適宜
豆腐	1/2丁
エゴマ	大さじ2杯
砂糖	大さじ3杯

★ニンジンとコンニャクに味がついているので、あえ衣に塩はいりませんが、味見してみて塩味が薄いようなら、塩少々を加えてください。

つくり方

❶豆腐は水きりしておく（まな板を斜めにして豆腐をのせ、上にもう1枚まな板を重し代わりにのせてしばらくおく。または電子レンジに2分かける）。
❷コンニャクはゆでて拍子木切りにする。
❸ニンジンはコンニャクと同じ大きさに切る。
❹鍋に②③を入れ、だしをひたひたに加え、しょうゆ少々を入れて薄味で煮る。ニンジンに歯ごたえがある程度で火を止めて、そのまま冷ます。冷えたら、ザルにあげて汁けをよくきっておく。
❺エゴマを鍋かホウロクでから煎りし、すり鉢に入れてする。
❻水きりした豆腐を入れてさらにすり、砂糖を加えて混ぜる。
❼⑥に④を入れてあえる。　　　　（村上）

じゅうねん味噌

エゴマ焼き味噌

エゴマコンニャク田楽

じゅうねん味噌 (実)

昔からエゴマを「じゅうねん」と呼んで日常的に食べていた福島の伝統的な保存食で、すりエゴマと味噌を混ぜて甘く仕上げます。会津地方では、このみそを秋田のきりたんぽに煮た「しんごろう」という餅につけて焼いたものが名物になっています。

材料 (4人分)
- エゴマ……………………………1/2カップ
- 味噌………………………………1/2カップ
- ハチミツ…………………………1/4カップ
- 酒…………………………………1/5カップ

つくり方
① エゴマは鍋かホウロクでから煎りし、すり鉢に入れてする。
② 味噌も加えてさらによくする。
③ ハチミツ、酒を加えてすり混ぜる。

★甘さは好みで加減してください。

食べ方
- 温かいご飯にそのままかけて。
- つきたての餅やだんごをからめて。
- お焼き（44ページ参照）のあんに。
- ビールや酒の肴に。
- 炒めものやあえものの調味料に。
- ドレッシングに混ぜて（28ページ参照）。

（村上）

エゴマ焼き味噌 (葉)

エゴマ葉入りの味噌を香ばしく焼いたもので、少量でも食欲が進みます。昔はこれをいろりの「つけ木」（経木のように薄く、裂いて火をつけやすい状態にしたもの）にのせ、火をおこす「火おこし」にのせていろりにかけ、上にも直接炭をのせて焼いたものです。

材料
- エゴマの葉（生）………………………5枚
- 味噌………………………………1/2カップ
- 削り節……………………………1/2カップ
- 七味唐辛子………………………………少々

つくり方
① エゴマ葉は粗めのみじん切りにする。
② 切ったエゴマの上に分量の味噌と削り節をのせ、包丁で細かく切るようにしながら、七味唐辛子を加え、全体を混ぜる。
③ 平たい耐熱皿に②を入れ、170℃のオーブンで15分ほど焼く。香ばしい香りがして、みその表面に軽く焦げ目がついたらでき上がり。

食べ方
- 温かいご飯にのせて。
- ビールやお酒の肴に。
- お茶漬けに。
- あえものなどの味つけの調味料に。
- ドレッシングやマヨネーズに混ぜて。
- 肉のソテーやハンバーグソースの隠し味に。

（村上）

エゴマコンニャク田楽 （実）

エゴマと味噌は相性抜群なので、エゴマ風味の味噌田楽もおいしいです。コンニャクの場合はたれにつけて味をなじませるので、だしでのばしてゆるめにします。

材料（4人分）

コンニャク	1枚
エゴマ	1/2カップ
味噌	大さじ2杯
砂糖（またはハチミツ）	大さじ2杯
酒	少々
だし汁	少々
竹串または割り箸	

つくり方

❶コンニャクは、厚みを半分に切って食べやすい大きさに切り、ゆでて竹串または割り箸にさす。
❷エゴマを鍋かホウロクでから煎りし、すり鉢に入れてすり、味噌、砂糖（またはハチミツ）、酒を加えてすり混ぜる。
❸②を鍋に入れ、だし汁少々を加えて弱火にかけて練り、とろりとした状態にする。
❹①を③の鍋に温かいうちに入れ、15分ほどおいて、味をなじませる。
★たれができたところで、ごくごく弱火で温めながら味をなじませます。ただし、焦げてしまうようならいったん火を止め、食べる前に鍋ごと湯せんにかけて温めるといいでしょう。　　　　　（村上）

豆腐の炭焼き田楽 （実）

豆腐田楽はつけて焼くので、田楽味噌にはだしを入れずに固めに仕上げます。豆腐はしっかり水きりしてください。昔ながらの七輪の炭で焼くと香ばしさが違います。

材料（4人分）

木綿豆腐	2丁
エゴマ	1/2カップ
味噌	1/3カップ
砂糖	大さじ3杯
しょうゆ	小さじ1杯
ユズの皮または山椒	少々
竹串または割り箸	

つくり方

❶エゴマをすり、分量の調味料を加えてすり混ぜる。
❷豆腐は水きりし、食べやすい大きさに切って竹串または割り箸にさし、炭火で焼き目がつくまで焼く。
❸②に①の味噌を塗り、再び炭火にかざして焼く。香ばしい香りがして、味噌に軽く焼き目がついたらでき上がり。　（村上）

ネギのエゴマ酢味噌かけ

ナスのエゴマ味噌かけ

ワカメの酢味噌あえエゴマ入り

ネギのエゴマ酢味噌かけ 実

いつもは薬味など料理の脇役に使っている長ネギを、立派な主役にしてしまう一品。ネギの青い部分はさっぱりしていて、白い部分はほんのりと甘く、どちらもエゴマのやさしい風味をつけた酢味噌によく合います。アサツキやハルサメなどでも同じようにできますから、食卓にもう一品欲しいというときにぜひつくってみてください。

材料 (4人分)

長ネギ	4本
エゴマ	大さじ1杯
味噌	大さじ2杯
砂糖	大さじ2杯
酢	大さじ3杯

つくり方

❶長ネギは洗って鍋に入る長さに切り、やわらかめにゆでる。水にとって冷まし、水けをよく絞って食べやすい長さに切る。
❷エゴマは鍋かホウロクからから煎りし、すり鉢に入れてする。
❸味噌も加えてさらによくすり、砂糖と酢を加えてすり混ぜる。
❹器に①を盛って③をかける。　　　(村上)

エゴマの白種

第2章　エゴマを生かした 伝統料理バラエティー

ナスのエゴマ味噌かけ 実

素揚げしたナスに、砂糖を入れて少し甘くした味噌をかけました。もちろんすったエゴマ入りです。酢味噌にしてもいいのですが、いずれにしても、ちょっと甘めの味つけが、ナスにはよく合うようです。

材料（4人分）
- ナス……………………………………4本
- エゴマ………………………………大さじ2杯
- 味噌…………………………………大さじ1杯
- 砂糖…………………………………大さじ2杯
- 酒………………………………………少々
- 揚げ油…………………………………適宜

つくり方

❶エゴマは鍋かホウロクでから煎りし、すり鉢に入れてする。
❷分量の味噌を加えてさらにすり、砂糖と酒を加えて、よくすり混ぜる。
❸ナスは洗って縦半分に切り、皮側に斜め格子状に切り目を入れる。布巾などでよく水けをふき、素揚げにして器に盛る。
❹③に②のエゴマ味噌をかけていただく。

(村上)

ワカメの酢味噌あえ エゴマ入り 実

ワカメも酢味噌がけにしてもいいのですが、こちらはあえものにしてみました。このままいただいてもいいですし、サラダにのせたり、キュウリやハルサメなどと混ぜてもおいしくいただけます。

材料（4人分）
- ワカメ………………………………ひとつかみ
- エゴマ………………………………大さじ2杯
- 味噌…………………………………大さじ1杯
- 砂糖…………………………………大さじ2杯
- 酢……………………………………大さじ3杯

つくり方

❶ワカメが塩蔵の場合は塩を洗い流し、さっと熱湯をかけて水にとり、しばらく水につけてもどし、食べやすい大きさに切る。乾燥のカットワカメの場合は、そのまま水でもどす。
❷エゴマは鍋かホウロクでから煎りしてすり鉢に入れてする。味噌も加えてさらによくすり、砂糖、酢を加えてすり混ぜる。
❸ワカメの水けをよく絞って②のすり鉢に入れ、酢味噌であえて器に盛る。　(村上)

エゴマ五穀ご飯まぶし

漬けエゴマ葉巻き五穀飯

エゴマ葉巻きずし

エゴマ五穀ご飯まぶし 実

材料 (4～5人分)
- 玄米（うるち米）……………1合
- 玄米（もち米）………………1合
- 雑穀（アワ、キビ、赤キビ、麦、アマランサスを適宜混合する）………1/2カップ
- 豆類（小豆、黒豆、なた豆）………少々
- エゴマ……………………………適宜
- 塩…………………………………適宜

つくり方
1. 豆類は一晩水につける。
2. 分量の玄米、もち米、雑穀を混ぜてとぎ、水に2時間つける。
3. 汁けをきった①を加え、ふつうのご飯と同じ水加減に塩ひとつまみを加えて圧力釜で炊く。
4. エゴマを鍋かホウロクでから煎りし、すり鉢ですって塩を混ぜる。
5. ③でおにぎりを握り、④をまぶす。(村上)

漬けエゴマ葉巻き五穀飯 葉

材料
- エゴマ葉（塩漬け）……………適宜
  ※つくり方123ページ参照
- 玄米五穀飯………………………適宜
  ※つくり方は上記❶～❸参照

つくり方
1. 玄米五穀飯を炊く（上記参照）。
2. 塩漬けのエゴマ葉は、水に10～15分つけて塩抜きし、ザルにあげて水けをきる。布巾でていねいにふいておく。
3. ②で①の五穀飯を包み、温かいうちにいただく。(村上)

エゴマ葉巻きずし 葉

材料 (4人分)
- エゴマの葉（生。大きめのもの）………4枚
- 玄米（うるち米）………………1/2カップ
- 玄米（もち米）…………………1/2カップ
- アワ………………………………1/4カップ
- キビ………………………………1/4カップ
- ニンジン…………………………1本
- インゲン…………………………8本
- 合わせ酢
  - 酢………………………………大さじ2杯
  - 砂糖……………………………大さじ2杯
  - 塩………………………………小さじ1杯
- ワサビ……………………………適宜

つくり方
1. 分量の玄米と玄米もち米、アワ、キビを混ぜてとぎ、通常のご飯と同じ水加減で1時間浸水してから圧力釜で炊く。炊き上がったら10分蒸らし、合わせ酢をつくってふりかけながらうちわであおぎ、冷ます。
2. ニンジンはマッチ棒大に切り、さっと煮て冷ます。インゲンは色よくゆでて食べやすい大きさに切る。
3. エゴマ葉はさっと熱湯に通して酢（分量外）に10分つける。
4. まな板の上に水けをふいた③を置き、①のご飯をのせ、中央に②を置いてワサビを塗り、巻いて切って器に盛る。(村上)

第3章

みんなが喜ぶ
エゴマの創作料理

エゴマ葉のてんぷら

エゴマ葉とひき肉の串焼き

エゴマ葉のはさみ焼き

エゴマ葉とひき肉の串焼き 葉 油

みんなでわいわいと串にかぶりつくのが楽しい、キャンプやバーベキューにぴったりのメニューです。エゴマ葉の風味をアクセントにきかせ、エゴマ油で焼き上げました。屋外に出かけるときには、家であらかじめつくって持っていき、現地でもう一度温める程度に焼くと簡単です。

材　料（4人分）

エゴマの葉（生または塩漬け）…………6枚
　※塩漬けは123ページ参照
合いびき肉……………………………200g
タマネギ……………………1/4個（70g）
ニンニク…………………………………1片
ショウガ…………………………………1片
片栗粉………………………………小さじ1杯
パン粉……………………………………少々
しょうゆ…………………………大さじ1/2杯
塩、コショウ……………………………少々
エゴマ油…………………………大さじ1杯
レタス、パセリ、エゴマの葉…………適宜
串焼き用の串……………………………4本
フレンチマスタード……………………少々
　（串がない場合は、子供用の割り箸が便利。ふつうの割り箸より少し小型サイズで、お弁当コーナーなどにありますので探してみてください）

★ひき肉は、豚ひき肉や牛ひき肉など、好みで何を使ってもいいでしょう。

つくり方

❶エゴマの葉は、塩漬けの場合は10～15分水にさらして塩抜きする。縦4等分にしてからせん切りにする。
❷タマネギはすりおろす。
❸ニンニク、ショウガはみじん切りにする。
❹ボウルにひき肉と②を入れ、よく混ぜ合わせる。
❺④に水けを絞ったエゴマの葉、③、しょうゆ、塩コショウ、片栗粉を入れて混ぜ合わせる。さらにパン粉を加え、耳たぶくらいの固さにまとめる。
❻片手に串を持ち、もう一方の手に⑤をひとつかみ持ち、串を握るような感じでタネを串につける。空気が入らないよう注意。
❼フライパンを熱してエゴマ油をひき、⑥を入れて、転がしながら、じっくりと焼く。
❽器にレタスをしいて⑦を盛り、パセリとエゴマの葉を飾ってフレンチマスタードを添える。

★ケチャップ、ソース、マヨネーズなど、好みのソースでいただいてください。エゴマドレッシングともよく合います。（田畑）

エゴマ葉のはさみ焼き 葉 油

魚料理はどうしても塩焼き、煮つけ、フライくらいとバリエーションが少ないので、たびたび食卓にのぼるうちに飽きてしまいがち。そこでエゴマ葉を生かして新しいメニューを考えてみました。魚のすり身が市販されている地域では、市販のすり身を使うとさらに簡単です。

材料 (4人分)

エゴマの葉（生）……………………20枚
甘塩タラ（切り身）…………………3切れ
ショウガ………………………………1片
片栗粉…………………………大さじ1杯
塩、コショウ…………………………少々
エゴマ油………………………大さじ1杯
レモンの輪切り………………………1個分
プチトマト……………………………少々

★魚は甘塩タラ以外の白身魚でも、またサバ、イワシ、アジなど背の青い魚でも、おいしくできます。魚が甘塩の場合は水につけて塩抜きし、生の場合はそのまま調理しましょう。

つくり方

❶エゴマ葉は洗って水けをきる。
❷甘塩タラは、10〜15分水につけて塩抜きする。布巾で水けをふき、包丁で細かく切り、さらに包丁で軽く叩く。
❸エゴマ葉4枚を、縦4等分に切ってせん切りにする。ショウガはみじん切りにする。
❹ボウルに②の魚、③、塩コショウ、片栗粉を入れてよく混ぜ合わせ、8等分する。
❺④をエゴマ葉の裏面にはりつけ、もう1枚のエゴマ葉をのせてはさむ。これを8個つくる。
❻フライパンを熱してエゴマ油をひき、⑤を入れて両面を焼く。
❼器にレモンをしき、焼き上がりを盛りつけて、プチトマトを飾る。

★包むとき、エゴマ葉の表裏はどちらを出してもかまいません。写真では、葉の表を出す包み方と裏を出す包み方、両方していますので、お好みでどうぞ。
★かくし味に味噌などを入れても美味。いろいろ工夫してみてください。　　　（田畑）

エゴマの葉

エゴマ葉の肉巻き

エゴマ入り大豆ハンバーグ

エゴマ葉の落とし焼き

エゴマ葉の肉巻き 葉

エゴマ葉を収穫する季節は夏。カキは秋〜冬の食材なので、この2つを組み合わせるのは本来難しいのですが、エゴマ葉を塩漬けにしておくと食感はそのままで色も緑鮮やかなまま保存できるので、こんな料理も可能になります。ひと口サイズにつくれ、冷めてもおいしいので、お弁当のおかずにもおすすめです。

材料(4人分)

エゴマの葉（生または塩漬け。小さめ）
……………………………………12枚
　　※塩漬けは123ページ参照
薄切り肉（牛でも豚でもよい）………180g
カキ貝………………………………12粒
しょうゆ……………………………大さじ2杯
みりん………………………………大さじ2杯
薄力粉…………………………………少々
塩、コショウ…………………………少々
エゴマ油……………………………大さじ1杯
カイワレ……………………………1パック
ニンジン………………………………少々
★カキ貝の代わりにエビや野菜などを使ってもおいしいです。

つくり方

❶エゴマ葉は、塩漬けの場合は水に10〜15分さらして塩抜きする。洗ってよく水けをきる。
❷カキは、ザルに入れて水の入ったボウルの中でふり洗いする。2、3度水を替えて洗い、水けをきって、キッチンペーパーでふく。
❸肉は分量を12等分する（12個の肉巻きをつくる）。肉巻き1つ分の肉をまな板の上に広げ、塩コショウする。
❹肉の手前側にエゴマ葉とカキをのせ、クルリと巻く。これを12個つくる。
❺片手に少量の薄力粉をとり、④をはたきつけるようにして粉をつけ、同時に余分な粉を落とす。
❻カイワレは洗って根を切り落とし、2等分する。ニンジンはせん切り。ボウルにカイワレとニンジンを入れて混ぜ、冷たい水につけてパリッとさせておく。
❼フライパンを熱してエゴマ油をひき、⑤を入れて転がしながら焼き、肉に火が通って焼き色がついたらしょうゆとみりんを加え、味をからませる。
❽器に⑥と⑦を盛りつける。　　　　（田畑）

第3章 みんなが喜ぶ エゴマの創作料理

エゴマ入り大豆ハンバーグ 実 油

ヘルシーな畑のハンバーグ。コクを出すため鶏肉を少々入れました。大豆が生なので、火が通りやすいようふつうのハンバーグより薄めに成形し、じっくり焼いてください。

材料（4人分）

エゴマ	1/4カップ
大豆	3/4カップ
鶏ひき肉	50g
タマネギ	1/4個
ニンジン	小1本
卵	1個
塩、コショウ	少々
みりん	少々
小麦粉（地粉または薄力粉）	適宜
エゴマ油	適宜

★好みのドレッシング、またはソースをかけていただきます。

つくり方

❶大豆は洗って一晩たっぷりの水につける。
❷エゴマは鍋かホウロクでから煎りし、すり鉢に入れてする。
❸タマネギ、ニンジンはみじん切りにする。
❹フライパンにエゴマ油少々を入れて熱し、鶏ひき肉と③を入れて炒め、冷ましておく。
❺①の水けをきり、すり鉢またはフードプロセッサーですりつぶし、②④、卵、塩コショウ、みりんを加える。
❻小麦粉を加えて固さを調節し、薄い小判形にまとめる。
❼フライパンを熱してエゴマ油を少々ひき、⑥を中火で両面を焼き上げ、器に盛る。（村上）

エゴマ葉の落とし焼き 葉 油

ジャガイモはでんぷんを含んでいるので、粉をあまり入れなくてもまとまります。

材料（4人分）

エゴマの葉（生または塩漬け）	6枚
※塩漬けは123ページ参照	
ジャガイモ	600g
カニ（むき身）	100g
卵	1個
プロセスチーズ	50g
薄力粉	大さじ2〜3杯
塩、コショウ	少々
エゴマ油	適宜
エゴマの葉（飾り用）	適宜
エゴマドレッシング、エゴママヨネーズなど	適宜

★カニのほか、イカや魚（包丁で叩いてすり身状にする）などを使ってもいいでしょう。

つくり方

❶エゴマの葉が生の場合はさっと熱湯に通し、塩漬けの場合は水に10〜15分つけて塩抜きする。縦半分に切ってからせん切りに。
❷ジャガイモは皮をむいてすりおろし、ザルにあげて、ざっと水けをきる。
❸チーズは5ミリ角のさいの目切りに。
❹ボウルに卵を割りほぐし、①②③と薄力粉、カニ、塩コショウを入れて混ぜ合わせる。
❺フライパンまたはホットプレートを熱し、エゴマ油をひいて、④を落として形をつくり、両面を色よく焼く。
❻器にエゴマ葉をしいて⑤を盛る。好みのエゴマドレッシング、エゴママヨネーズ（つくり方30ページ参照）などでいただく。
（田畑）

エゴマ葉のてんぷら

エゴマ葉とキムチの揚げ餃子

エゴマ葉の磯辺揚げ

エゴマ葉のてんぷら 葉

栽培しているエゴマを摘芯（茎の先端をつみとる）したときにおすすめの料理がこれ。エゴマの花の季節には、葉と新芽だけでなく、若い花穂もつんで揚げると、とてもおいしいてんぷらになります。いろいろな野菜のてんぷらと盛り合わせてもいいでしょう。

材料（4人分）

エゴマの葉（生。小さめのもの）………8枚
エゴマの新芽………………………………8本
てんぷら粉（または薄力粉）…………適宜
揚げ油………………………………………適宜
★塩、てんつゆのほか、エゴマしょうゆドレッシング（つくり方21ページ参照）、エゴマ梅ドレッシング（つくり方24ページ参照）でいただいてもおいしいです。

つくり方

❶エゴマの葉と新芽は洗ってザルにあげて水けをきり、さらに布巾で水をよくふき取る。
❷てんぷら粉に冷水を加え、さっくりと混ぜて衣をつくる。
❸①を②のてんぷら衣に通し、油でカラリと揚げる。
❹器に敷き紙をしき、てんぷらを盛る。
（田畑）

エゴマ葉とキムチの揚げ餃子 葉 油

韓国にはエゴマ葉のキムチがあるくらいですから、エゴマ葉とキムチとの相性は抜群。ここでは一般的なハクサイのキムチを使いましたが、もちろんエゴマ葉のキムチ（96ページ参照）でつくってもおいしいです。中に包む具はカキのほか、アジの干物や塩ザケ、シーチキン、ホタテなどを使ってもおいしくいただけます。

材料（20個）

エゴマの葉（生）…………………………6枚
キムチ…………………………………170gぐらい
カキ貝（小）………………………………20粒
餃子の皮……………………………………20枚
エゴマ油………………………………小さじ1杯
塩、コショウ………………………………少々
揚げ油………………………………………適宜
エゴマしょうゆドレッシング…………適宜
　※つくり方21ページ参照
★カキが大粒の場合は10粒で十分です。半分に切って使ってください。

つくり方

❶エゴマの葉は熱湯にさっと通してゆで、縦4等分にしてせん切りにする。
❷キムチは7ミリ幅に切り、軽く水けをきる。
❸カキはさっと洗って熱湯に通し、ザルにあげて水けをきる。
❹ボウルに水けを絞ったエゴマの葉、②③、エゴマ油、塩コショウを加えて混ぜる。
❺餃子の皮で包み、油でカラリと揚げる。
❻エゴマしょうゆドレッシングでいただく。
★キムチの水分が皮をふやけさせてしまうので、揚げる直前に包んでください。
★春巻きの皮で巻いて揚げ春巻きにしてもいいでしょう。
（田畑）

第3章　みんなが喜ぶ エゴマの創作料理

エゴマ葉の磯辺揚げ 葉

エゴマ葉と海苔でひき肉を巻き、香ばしいフライにしてみました。揚げたての熱々はもちろんおいしいですが、冷めても大丈夫なので、残ったら翌日のお弁当のおかずにするといいでしょう。レモンだけでいただくときは、好みで肉の下味をもう少し濃くしていただいてもかまいません。

材料 (4人分)

エゴマの葉（生）	8枚
焼き海苔	2枚
合いびき肉	200g
長ネギ	1本
ショウガ	1片
しょうゆ	大さじ1杯
塩、コショウ	少々
パン粉	少々
衣	
薄力粉	少々
卵	1個
パン粉	適宜
揚げ油	適宜
レモン	1個
パセリ	適宜
しょうゆ	少々

★ひき肉は好みで豚、牛、鶏などを使ってもかまいません。
★衣はてんぷら衣（てんぷら粉または薄力粉と水）にしてもいいでしょう。

つくり方

❶エゴマの葉は洗って水けをふく。
❷焼き海苔は半分に切る。
❸長ネギは小口の薄切り、ショウガはみじん切りにする。
❹ボウルにひき肉を入れ、水大さじ2杯を加えてよくこねる。
❺④に③、しょうゆ、塩コショウ、パン粉を加えてよく混ぜ合わせ、耳たぶくらいの固さにして、4等分する。
❻まな板の上に海苔を置き、手前にエゴマの葉2枚をのせ、⑤を広げる。手前からクルリと巻き、巻き終わりは水をつけてとめる。
❼食べやすい大きさに切り、薄力粉、溶き卵（同量の水を加えてよく混ぜる）、パン粉をつけて油で揚げてフライにする。
❽器に盛ってパセリを飾り、くし形に切ったレモンとパセリを添える。好みでレモン汁をかけ、しょうゆでいただく。

★フライをつくるときは、卵に同量の水を加えて卵液をつくり、薄力粉をつけた材料をくぐらせてパン粉をつけます。卵がそのままだと、余分につきすぎて衣がムラになってしまうし、必要以上に卵を使わなければならなかったりするからです。
★薄力粉だけを叩いてつけ、揚げずにエゴマ油をひいたフライパンで転がし焼きにしてもいいでしょう。

(田畑)

エゴマ葉とカボチャのコロッケ

イワシのエゴマ葉包み揚げ

エゴマ葉の炒め味噌

エゴマ葉とカボチャのコロッケ 葉 油

小人数の家庭ではカボチャ1個を使いきるのがなかなか大変ですが、コロッケにしてしまえばあっという間です。エゴマ葉のみじん切りを中に混ぜ込み、エゴマ葉でくるんで揚げました。ビタミンとα-リノレン酸たっぷりの、ヘルシーなおかずです。

材料 (4人分)

- エゴマの葉（塩漬け）………12枚
  ※塩漬けは123ページ参照
- エゴマの葉（生）………5枚
- カボチャ………400g
- タマネギ………1/2個（140g）
- 白すりゴマ………大さじ2杯
- 味噌………大さじ1と1/2杯
- エゴマ油………大さじ1/2杯
- 塩、コショウ………少々
- 衣
  - 小麦粉………適宜
  - 卵（同量の水で薄めて卵液にする）…1個
  - パン粉………適宜
- 揚げ油………適宜
- せん切りキャベツ………適宜
- パセリ………適宜
- エゴマ葉（生）のせん切り………少々

★エゴマの葉の塩漬けがない場合には、生のエゴマの葉をさっとゆでて使ってもかまいません。またエゴマ葉の塩漬けだけを使ってつくってもかまいません。

つくり方

❶エゴマの葉の塩漬けは、10～15分水に浸して塩抜きし、ザルにあげて水けをきる。
❷生のエゴマの葉は、縦半分に切ってせん切りにする。
❸カボチャは種を除き、ざっと大きく切って、やわらかくなるまでゆでる。
❹カボチャがやわらかくなったら、鍋の湯を捨ててそのまま火にかけ、水分をとばしてから火を止め、そのまま冷ます。
❺タマネギはみじん切り。フライパンに薄くエゴマ油をひいて炒める。しんなりしたら②を加えて塩コショウを各少々ふり、さっと混ぜて火を止める。
❻④のカボチャの皮を取り除いてボウルに入れ、木ベラでつぶしながら⑤とすりゴマ、味噌、塩コショウを加えて混ぜ合わせ、12等分する。
❼⑥の形を整えて①のエゴマ葉で包み、小麦粉、卵液、パン粉をつけて、揚げ油でカラリと揚げる。
❽器にせん切りキャベツとせん切りのエゴマ葉を混ぜたものを盛り、⑦を盛りつけてパセリを飾る。　　　　　（田畑）

イワシのエゴマ葉包み揚げ 葉

エゴマ葉は、イワシやアジ、サンマなど背の青い魚とよく合います。これらの青魚の生臭さをエゴマ葉の風味がほどよく抑えてくれるからです。しかも香ばしく揚げてしまえば、魚嫌いのお子さんでも、おいしく食べてくれます。

材料（4人分）

- エゴマの葉（生または塩漬け）………8枚
   ※塩漬けは123ページ参照
- イワシ……………………………………4尾
- つけ汁
   - しょうゆ………………………大さじ1杯
   - 酒………………………………大さじ1杯
   - 練り梅…………………………大さじ1杯
     （または梅肉の裏ごししたもの）
- てんぷら粉（または薄力粉）…………少々
- 揚げ油………………………………………適宜
- レモン……………………………………1個

★魚はアジやサンマでもいいでしょう。

つくり方

❶エゴマの葉は生の場合は熱湯にさっと通す。塩漬けの場合は水に10～15分つけて塩抜きする。ザルにあげ、布巾で水けをふいておく。
❷イワシは三枚におろす。
❸つけ汁の材料を混ぜて②のイワシを入れ、10～15分つける。
❹③の汁けをきって①で巻き、てんぷら粉を冷水で溶いた衣にくぐらせて油で揚げる。
❺器に盛り、レモンを添える。好みでレモンを搾っていただく。

★てんぷらにする代わりに、薄力粉、卵液（卵を同量の水で溶く）、パン粉のフライ衣をつけて揚げてもいいでしょう。　（田畑）

エゴマ葉の炒め味噌 葉 油

伝統料理「じゅうねん味噌」（60ページ参照）はエゴマの実をすったものでつくりますが、ここではエゴマの葉を炒めて味噌仕立てにしてみました。エゴマ油で炒めてコクを出した、若い方にも喜ばれる味つけで、酒の肴にぴったりです。ゆでた野菜や田楽、焼き魚にかけても、熱々をご飯にのせてもおいしくいただけます。冷蔵庫に入れれば1週間くらいは保存できますから、常備菜としてもおすすめします。

材料（4人分）

- エゴマの葉（生）……………………10枚
- 味噌…………………………………80g
- 砂糖…………………………………40g
- 酒……………………………………大さじ2杯
- エゴマ油……………………………小さじ2杯

つくり方

❶エゴマの葉は熱湯にサッと通し、縦4等分にしてからせん切りにし、水けを絞る。
❷鍋に分量のエゴマ油を入れて火にかけ、①を入れて炒める。油が全体に回ったら、いったん火を止める。
❸味噌、砂糖、酒を混ぜ合わせて加え、木ベラで混ぜながら再び点火。弱火で練って、とろりとなったらでき上がり。　（田畑）

エゴマ葉とジャガイモの味噌炒め

エゴマ葉とタケノコの炒めもの

エゴマ葉とマイタケの炒めもの

エゴマ葉とジャガイモの味噌炒め 葉

エゴマは葉も実も、味噌味がよく合います。また油との相性も抜群。写真では大きいジャガイモを切ってつくりましたが、新ジャガの小粒のものが出回る時期には、ぜひ丸のままつくっていただきたいメニューです。ご飯のおかずはもちろん、お茶請けにもどうぞ。たっぷりつくっても、あっという間になくなってしまいますよ。

材料（4人分）

- エゴマの葉（生または塩漬け）………10枚
  ※塩漬けは123ページ参照
- 小粒ジャガイモ………………………500g
  ※小粒のものがない場合は、ふつうの大きさのジャガイモをひと口大に切って使ってください。
- 砂糖……………………………………大さじ2杯
- 味噌……………………………………60〜70g
- 酒………………………………………大さじ2杯
- 揚げ油…………………………………適宜

つくり方

❶ ジャガイモはこするようにしてよく洗う。鍋にジャガイモと、かぶるくらいの水を入れて火にかけ、固めにゆでてザルにあげる。

❷ エゴマの葉は、生の場合はさっと熱湯に通す。塩漬けの場合は、10〜15分水にさらして塩抜きする。水けをきり、大きめに切っておく。

❸ ①のジャガイモの水けをふき、低温の油で煮るようなつもりで揚げる。イモがこんがりキツネ色になり、竹串がすっとささるくらいやわらかくなったら、取り出して油をきっておく。

❹ 別鍋に分量の砂糖、味噌、酒を入れて火にかける。煮たってきたら、③のジャガイモと②のエゴマの葉を加えて、煮からめる。

（田畑）

エゴマの花穂と葉

第3章　みんなが喜ぶ エゴマの創作料理

エゴマ葉とタケノコの炒めもの 葉 油

タケノコの歯触りをエゴマ油の香りで楽しむ炒めものです。ここでご紹介した合わせ調味料は味噌炒めの基本。何にでも応用がききますのでお試しください。

材料（4人分）

エゴマの葉（生または塩漬け）……8枚
　※塩漬けは123ページ参照
ゆでタケノコ………………………200g
ニンジン………………………………30g
牛薄切り肉……………………………80g
ニンニク………………………………1片
ショウガ……………………………1/2片
エゴマ油…………………………大さじ1杯
ⓐ　みそ……………………………大さじ2杯
　　砂糖……………………………小さじ1杯
　　しょうゆ………………………大さじ1杯
　　酒………………………………大さじ2杯
　　片栗粉…………………………小さじ1杯
★好みで唐辛子などの辛みを加えてもおいしいです。

つくり方

❶エゴマの葉が生の場合は洗って食べやすい大きさに切る。塩漬けの場合は10〜15分水に浸して塩抜きし、食べやすい大きさに切る。
❷タケノコは斜め薄切り、ニンジンは薄い短冊切りにする。薄切り肉も食べやすい大きさに切っておく。
❸ニンニクとショウガはみじん切りにする。
❹ⓐの調味料を混ぜ合わせておく。
❺鍋に分量のエゴマ油をひいて火にかけ、ニンニクとショウガを入れて炒める。
❻香りが出てきたら、ニンジンを加えて炒め、次に肉、タケノコ、エゴマの葉の順に加えて炒める。
❼全体に火が通ったら、❹の調味料を加えて大きく混ぜ合わせ、味見をして味をととのえて仕上げる。　　　　　（田畑）

エゴマ葉とマイタケの炒めもの 葉 油

マイタケも香りと歯触りがよく、油とよく合うので、炒めものにはいい素材です。ただしマイタケにはアクがあり、他の素材と炒め合わせると黒くなってしまうので、あらかじめゆでてアク抜きします。ゆですぎないよう、さっと湯がいてください。

材料（4人分）

エゴマの葉（生または塩漬け）……6枚
　※塩漬けは123ページ参照
マイタケ………………2パック（200g）
エゴマ油…………………………大さじ1杯
砂糖………………………………小さじ1杯
しょうゆ………………………大さじ1と1/2杯
★好みでタカノツメや七味唐辛子などの辛みを加えてもおいしいです。

つくり方

❶エゴマの葉は生の場合はそのまま、塩漬けの場合は水に10〜15分浸して塩抜きし、縦半分に切ってから大きめに切る。
❷マイタケは粗くほぐし、熱湯にさっと通してザルにあげ、水けをきる。
❸鍋にエゴマ油をひいて火にかけ、❶❷を入れてさっと炒め、砂糖としょうゆで味つけして仕上げる。　　　　　（田畑）

エゴマ葉入り生春巻き

エゴマ葉入り手巻きサラダ

エゴマ葉とさつま揚げのあえもの

エゴマ葉入り生春巻き 葉

ベトナム料理で人気の生春巻きは、米粉でつくったライスペーパーでくるみます。本場ベトナムではドクダミの生葉を入れるのですが、エゴマ葉を使ってもおいしくできます。最近ライスペーパーがスーパーなどにも出回るようになったのはうれしい限りですが、正しいもどし方を知らない方が多いようなので、丁寧に解説してみました。

材料(4人分)

- エゴマの葉(生または塩漬け) ……… 8枚
  ※塩漬けは123ページ参照
- エビ ……………………………………… 8尾
- しゃぶしゃぶ用肉 ……………………… 8枚
- 万能ネギ ………………………………… 4本
- ライスペーパー ………………………… 8枚
  ※ライスペーパーは、米粉からできたベトナムの春巻き用皮です。中華材料店などで手に入ります。
- コチュジャン …………………………… 適宜
- チリソース ……………………………… 適宜
- サラダ菜 ………………………………… 4枚

★ライスペーパーは水につけすぎるとふやけてしまったり、塗れたまま重ねておくとくっついてしまいます。さっと水につけてキッチンペーパーと交互に重ねると、余計な水分はキッチンペーパーが吸ってくれて、ほどよく扱いやすくもどります。

★しゃぶしゃぶ用肉は牛豚どちらでもかまいませんが、豚肉の場合には、色が変わるまで完全に火を通して使ってください。

★好みで香菜、青ジソ、ミョウガ、イタリアンパセリ、スイートバジルなどの香草類を数種加えても楽しいです。また、魚介類や他の野菜もいろいろ加えてもいいでしょう。

つくり方

❶エゴマの葉は、さっと熱湯に通して水にとる。塩漬けの場合は水に10~15分さらして塩抜きする。ザルにあげて水けをきっておく。

❷エビは殻と背ワタを除き、さっとゆでる。

❸しゃぶしゃぶ用肉は、熱湯に通して水にとり、ザルにあげて水けをきっておく。

❹万能ネギは、1本を6等分に切る。

❺ライスペーパーを水につけてもどす。ライスペーパーが入る大きさのボウルに水を張り、キッチンペーパーを多めに用意する。まな板などの上にキッチンペーパーを1枚広げ、ライスペーパーをボウルの水にさっとつけてキッチンペーパーの上に置く。その上にもう1枚キッチンペーパーをのせ、さらにその上に水にくぐらせたライスペーパーをのせる。これを繰り返して枚数分のライスペーパーとキッチンペーパーを交互に重ね、最後はキッチンペーパーをのせる。作業が終わったら、全体を裏返して、いちばん上のキッチンペーパーをはがす。

❻ライスペーパーの手前にエゴマの葉をのせて1度くるりと巻き、その上に②③とコチュジャン少々をのせ、両端を折りたたんでさらに巻く。最後に万能ネギを3本はさんで巻き上げる。

❼巻き上がった春巻きを別皿などに置き、キッチンペーパーをはがすとまたライスペーパーがあらわれるので、⑥の作業を繰り返す。

❽器にサラダ菜をしいて生春巻きを盛り、チリソースでいただく。

(田畑)

第3章　みんなが喜ぶ エゴマの創作料理

エゴマ葉入り手巻きサラダ 葉

エゴマ葉をいちばん手軽に食べられる方法といったらこれ。材料を切って並べるだけなので、料理する側はラクラク、食卓も華やかで、わいわい話しながら食が進みます。海苔とエゴマ葉は必ず入れて、あとは好みの材料でいただきましょう。

材料(4人分)
- エゴマの葉(生)……………………12枚
- 焼き海苔……………………………4枚
- 卵……………………………………3個
- 　砂糖、塩………………………少々
- キュウリ……………………………1本
- セロリ………………………………1本
- プロセスチーズ……………………50g
- ニンジン……………………………40g
- エビ…………………………………4尾
- 練り梅…………………………大さじ3杯
- マヨネーズ……………………大さじ1杯

★材料はこのほか、アスパラ、フライドポテト、焼き豚、アボカドなど。お好みでいろいろ巻いて楽しみましょう。

つくり方
❶エゴマ葉は洗って水けをふき、縦2等分する。
❷卵は砂糖、塩各少々を加えて厚焼き卵をつくり、ひと口大に切っておく。
❸キュウリ、セロリ、チーズ、ニンジンは棒状に切る。エビは殻と背ワタを取り、さっと塩ゆでする。
❹練り梅とマヨネーズを混ぜておく。
❺焼き海苔は、1枚を6等分する。
❻①～⑤を器に盛る。食卓で、各自焼き海苔にエゴマの葉と好みの材料をのせて梅マヨネーズをつけ、くるりと巻いていただく。
★エゴマの葉は、さっと熱湯に通してもいいでしょう。　　　　　　　　　(田畑)

エゴマ葉とさつま揚げのあえもの 葉

冷蔵庫の残りものでつくれる、ご飯のおかずです。エゴマ葉を入れることで、ありあわせという感じが薄れて工夫の一品になります。材料はイカ、エビ、ちくわ、ハム、キャベツ、ブロッコリーなどでも、またこれらを混ぜてもいいでしょう。

材料(4人分)
- エゴマの葉(生)……………………8枚
- キュウリ……………………………1本
- さつま揚げ…………………………1/2枚
- ショウガ……………………………1/2片
- 塩……………………………………少々
- 一味唐辛子…………………………少々
- ⓐ　マヨネーズ……………大さじ1杯
- 　　味噌……………………大さじ1杯
- 　　レモン汁………………大さじ1杯

つくり方
❶エゴマの葉はさっと熱湯に通し、ひと口大に切る。
❷キュウリは薄く小口切り。軽く塩をふって、しんなりしたら水けを絞っておく。
❸さつま揚げはフライパンに油をひかずにから焼きして、薄切りにする。
❹ショウガは細かいみじん切りにする。
❺ⓐの調味料とショウガを合わせ、エゴマ葉、キュウリ、さつま揚げをあえる。
❻器に盛り、一味唐辛子をふる。　(田畑)

エゴマ葉のキムチ

エゴマ葉とモヤシのナムル

エゴマ葉とキュウリのひと口漬け

エゴマ葉のキムチ 葉 実

韓国ではエゴマ葉でキムチを漬けます。現地のレシピではイワシのエキスやアミの塩辛など、動物性の発酵食品を入れますが、日本では手に入りにくいので、チリソースの甘酸っぱさでその風味を出しました。さらに、すりエゴマを入れてエゴマの風味をプラスし、エゴマも加えてプチプチとした歯触りをアクセントにしています。

材料

エゴマの葉	50枚
タマネギ	1/8個
ニンニク	1/2片
ショウガ	1/2片
エゴマ	小さじ1と1/2杯
粉唐辛子（中びき）	小さじ1杯
すりエゴマ	小さじ1杯
しょうゆ	大さじ1杯
砂糖	小さじ1杯
コチュジャン	小さじ1杯
チリソース	小さじ2杯

つくり方

❶エゴマ葉を洗い、ザルにあげて水けをきって、さらに布巾で1枚ずつ水けをふき取る。
❷ニンニクはみじん切り。ショウガはすりおろす。タマネギはクシ形の薄切りにする。
❸ボウルにニンニク、ショウガ、タマネギ、エゴマ、すりエゴマ、粉唐辛子、しょうゆ、砂糖、コチュジャン、チリソースを入れ、よく混ぜる。
❹漬け容器に①のエゴマの葉3枚、向きをそろえて重ねて置き、③のたれを少々塗る。
❺その上にまたエゴマ葉を3枚同じ向きに重ねて置き、たれを塗る。これを繰り返す。
❻全部の葉を重ねてたれを塗ったら、軽く重しをして冷蔵庫へ。3日ほど置いて、とんがった辛みがマイルドになったころが食べごろ。

★保存は冷蔵庫で、10日ほどで食べきるのがいいのですが、残ってしまって酸味が出るなどしたら、刻んでおにぎりに入れたり、お茶漬けにしたりすれば、おいしく食べられます。　　　　　　　　　　（田畑）

エゴマ葉とモヤシのナムル 葉 油

エゴマと韓国の密接な関係から思いついたメニュー。野菜はシュンギクを使ってもおいしいです。このたれで冷や奴や焼き魚、唐揚げなどをいただいても美味です。

材料

エゴマの葉	10枚
モヤシ	1袋
ワカメ	適宜
葉タマネギ	1本
ニンニク	1片
ショウガ	1片
レタス	4枚
錦糸卵(薄焼き卵のせん切り)	少々
ⓐ ひねった白ゴマ	大さじ1杯
エゴマ油	小さじ1杯
しょうゆ	大さじ2杯
酢	大さじ1~2杯
塩	少々

つくり方

❶エゴマ葉はさっと熱湯に通し大きめに切る。
❷①の湯でモヤシもさっとゆで、ザルにあげて水にさらし、水けをきる。
❸ワカメはもどして食べやすい大きさに切る。
❹葉タマネギは小口の薄切り、ニンニク、ショウガはみじん切りにする。
❺④をボウルに入れ、ⓐの調味料を加えてたれをつくる。
❻⑤のボウルに①②③を加えて混ぜ、レタスを敷いた器に盛り、錦糸卵を散らす。
★葉タマネギがない場合には、長ネギか万能ネギを使ってください。　　　　(田畑)

エゴマ葉とキュウリのひと口漬け 葉

食べやすいようひと口ずつエゴマ葉で巻いたお漬け物。ニンニク風味で夏場のスタミナ回復にもおすすめです。浅漬けのうちに食べるのが、いちばんおいしいです。

材料

エゴマの葉(生または塩漬け)	12枚
※塩漬けは123ページ参照	
キュウリ	3本
塩	少々
たれ	
ニンニク	1片
しょうゆ	大さじ1杯
酒	大さじ2杯

★たれのしょうゆの量は、キュウリにふった塩味によって加減してください。

つくり方

❶エゴマの葉は、生の場合はさっとゆで、塩漬けの場合は10~15分水にさらして塩抜きし、ザルにあげて水けをきっておく。
❷キュウリはすりこぎやビールびんなどで叩き、手でほぐしてひと口大にする。塩少々をふって、しんなりするまでおく。
❸ニンニクをすりおろし、分量のしょうゆと酒を混ぜ合わせてたれをつくる。
❹②のキュウリをさっと水洗いし、ザルにあげて水けをきる。
❺①のエゴマの葉を縦半分に切り、④のキュウリを包む。
❻ボウルに⑤を並べて③のたれをかけ、軽く重しをして30分置いてからいただく。(田畑)

カボチャのポタージュ エゴマ入り

エゴマ葉ふりかけ

カボチャのポタージュ エゴマ入り 実

バターも油も使わずさっぱりと仕上げ、カボチャだけでとろみを出したヘルシーなスープです。カボチャの皮を入れるとスープの色が悪くなるので除きますが、残った皮はエゴマ油で炒めてきんぴらにするといいでしょう。やはりカボチャの色を生かすため、エゴマは白を使ってください。分量は好みで加減してくださってかまいません。

材料

カボチャ	1/4個
タマネギ	1個
牛乳	1カップ
白エゴマ	大さじ2杯
塩	小さじ1杯
コショウ	少々
オカヒジキ	少々

つくり方

❶カボチャは種とワタをのぞいてザク切りにし、皮も取り除く。
❷タマネギは薄切りにする。
❸鍋に①②とひたひたの水を加えてやわらかくなるまで煮て、牛乳を加えてミキサーにかける。
❹③を再び鍋に入れ、温め、塩コショウで味つけする。
❺エゴマを鍋かホウロクでから煎りし、すり鉢に入れてすり、④に加えて全体を混ぜ、火を止めて器に盛り、オカヒジキを浮かべる。

(村上)

エゴマ葉ふりかけ 葉 実

ふりかけは家庭で簡単に手づくりできます。エゴマの葉とすりエゴマだけでもいいのですが、食感にアクセントをつけるため、粒のままのエゴマも少し加えてみました。でき上がったらびんなどに入れておけば日もちします。

材料

エゴマの葉（生）	10枚
エゴマ	大さじ1杯
海苔	1枚
卵黄	1個分
塩	適宜

★好みで、サクラエビの干したものなどを入れてもいいでしょう。

つくり方

❶エゴマ葉は熱湯にさっとくぐらせ、水けをきってザルなどに広げ、1日天日に当てて干す。
❷卵はゆで卵にして卵黄だけ取り出してたたき、バットなど平たいものに広げて半日干し、ふるいにかけて細かくする。
❸海苔はあぶって手でもんで細かくする。ハサミを使って細かく切ってもよい。
❹塩を鍋かホウロクでから煎りして焼き塩をつくる。
❺エゴマは鍋かホウロクでから煎りし、1/4量を取り分け、残りをすり鉢に入れて半ずりにする(油が出ない程度にざっとつぶす)。
❻①～⑤と、⑤で取り分けておいたエゴマを混ぜる。

(村上)

第4章

ヘルシー食材
エゴマでつくる
パンとデザート

エゴマ入りパン

窯焼きパン

エゴマ入りロールパン

エゴマあんパン

窯焼きパン 実 油

バターの代わりにエゴマ油を使い、国産小麦にすりエゴマを練り込んで焼いた、安全でおいしいパンです。パンづくりというと、手間がかかっていろいろ難しいように思われがちですが、材料を全部一緒に混ぜてしまう大雑把でも大丈夫というつくり方をご紹介したいと思います。簡単だからこそ、毎日のように焼きたてのパンがいただけます。多少の失敗は愛嬌だと思って、気軽にお試しください。

材料（12×24×12センチ山型1個分）

- 地粉（または強力粉）……………500g
- すりエゴマ……………………1/2カップ
- 卵……………………………………1個
- ドライイースト………………大さじ1杯
- 砂糖……………………………大さじ3杯
- 酒………………………………大さじ2杯
- エゴマ油………………………大さじ2杯
- 塩………………………………小さじ1杯
- 卵黄…………………………………1個分
- エゴマ………………………………少々

★パンを焼く小麦粉は、通常は、粘りが強くふくらみやすい強力粉ですが、国産小麦（地粉＝中力粉）でも、十分おいしいパンが焼けます。強力粉でつくったパンに比べると、多少ふくらみが弱くてずっしり重い感じがすることが多いですが、それも「風味」です。

★やわらかな食感のパンにこだわる方は、国産小麦のなかにもグルテン含有量が多くてふくらみやすい品種がありますので、探してみるのもいいでしょう。

つくり方

❶地粉（または強力粉）はふるっておく。
❷卵を割りほぐし、30℃のお湯を加えて全体で300ccの卵液にする。
❸ボウルに①、すりエゴマ、イースト、砂糖を入れ、②の卵液と酒を加えて混ぜる。
❹全体がなじんだら、エゴマ油と塩を加え、力を入れてよくこねる。耳たぶくらいの固さにするのが目安。
❺生地が赤ちゃんの肌のようにやわらかくなめらかになったら、エゴマ油（分量外）を薄くひいたボウルに入れる。上からビニールをかけて密閉し、30℃で1時間発酵させる。寒い季節には、湯せんにかけるかコタツに入れる。
❻生地が倍くらいにふくらんだら、いったん取り出して、握りこぶしで叩いてガス抜きし、生地の外側を内へ倒すような感じでたたみながら再びまとめ、15分間生地を休ませる。
❼休ませた生地を2等分し、型の幅に合わせてざっとのばし、端からくるりと丸めて球状にする。これを2個つくる。
❽型の内側に薄くエゴマ油（分量外）を塗って⑦を2個、巻き終わりを下にして並べて入れ、再びビニールをかけて30℃で1時間、2次発酵させる。
❾生地が倍にふくらんだら、表面にハケで卵黄を塗り、エゴマの粒をふりかけて、180℃のオーブン（窯）で30分焼く。

★生地を発酵させるときにビニールをかけるのは、空気を遮断して発酵をうながすため。シャワーキャップを利用すると便利です。焼き上がったら、型から取り出し、熱が取れたらラップで包むと風味が逃げません。また、冷凍保存すればいつでもおいしくいただけます。

（村上）

第4章　ヘルシー食材 エゴマでつくるパンとデザート

エゴマ入りロールパン 実 油

窯焼きパンの生地でつくってもいいのですが、こちらはすりエゴマを少し減らして軽い食感にしてみました。三角形にのばした生地をくるくる巻いてつくります。

材料(8個分)
地粉（または強力粉）……………………200g
すりエゴマ………………………………大さじ2杯
卵……………………………………………1個
ドライイースト…………………………小さじ1杯
砂糖………………………………………大さじ2杯
塩……………………………………………少々
エゴマ油…………………………………大さじ1杯
エゴマ………………………………………少々
卵黄…………………………………………1個分

つくり方
❶卵を割りほぐし、30℃のぬるま湯を加えて合計120ccの卵液をつくる。
❷ボウルにふるった地粉、ドライイースト、砂糖を入れ、①の卵液を加えて混ぜる。
❸②にすりエゴマとエゴマ油を加えてこね、全体が混ざったら塩も加えてよくこねる。
❹30℃で1時間1次発酵させ、ガス抜きして15分、生地を休ませる（左ページ参照）。
❺生地を8等分して棒状にまとめ、手でひっぱりながら、底辺12センチくらいの長い三角形にのばす。底辺側からくるりと巻いて、巻き終わりを下にしておく。
❻30℃で40分2次発酵させ、表面にハケで卵黄を塗り、エゴマの粒をふって、180℃のオーブンで15分ほど焼く。　　　（村上）

エゴマあんパン 実

すりエゴマを練り込んだ素朴な味のパン生地には、あんこがよく合います。つぶあんを手づくりするのが面倒なときは、市販のあんを使えば手早くできます。

材料(4個分)
地粉（または強力粉）……………………200g
すりエゴマ………………………………大さじ3杯
砂糖………………………………………大さじ2杯
塩…………………………………………小さじ2杯
ドライイースト…………………………小さじ1杯
酒…………………………………………小さじ1杯
つぶあん〔小豆、砂糖（ざらめ）、塩〕
エゴマ………………………………………少々

つくり方
❶つぶあんをつくる。小豆はひと晩たっぷりの水につけ、水を替えて火にかけ、2回ゆでこぼす（煮たって2～3分したらザルにあげて水をきり、新しい水で再び煮る）。小豆が軽くつまんでつぶれるくらいやわらかくなったら、砂糖と塩で好みの甘さに味つけし、しゃもじなどでざっとつぶし、よく練る。
❷つぶあんが冷えたら、ピンポン玉大に4個丸めておく。
❸地粉(または強力粉)、すりエゴマ、ドライイースト、砂糖、塩、酒を混ぜ、30℃のぬるま湯を加えて耳たぶくらいの固さにこねる。
❹30℃で1時間1次発酵させ、15分生地を休ませてから生地を4等分し、②を中に入れて丸める。
❺30℃で40分2次発酵させ、飾りにエゴマを少しのせ、180℃のオーブンで20分焼く。
　　　　　　　　　　　　　　（村上）

エゴマまぶしドーナツ

エゴマ入りスポンジケーキ

エゴマ四方焼き

エゴマまぶしドーナツ 実 油

子供たちの大好きなドーナツは、水を使わず卵だけで粉を練り、バターの代わりにエゴマ油を使ってつくります。仕上げにもすりエゴマをたっぷりまぶしてください。ドーナツの穴の向こうに子供たちの喜ぶ顔が浮かんできます。お菓子には普通は薄力粉を使いますが、やはり国産の地粉を使ってもおいしくできます。

材料（大4個分）

- 地粉（または薄力粉）……200g
- 卵……2個
- 砂糖……1/2カップ
- エゴマ油……大さじ1/2杯
- 重曹……小さじ1杯弱
- すりエゴマ……適宜
- 砂糖……適宜
- 揚げ油……適宜

つくり方

❶ボウルに卵を割りほぐし、分量の砂糖と重曹を入れて混ぜる。
❷①に小麦粉とエゴマ油を加えてこね、耳たぶくらいの固さにする。
❸生地を4等分し、そのうちの1つを手で棒状にのばして両端をつけ、リング状に成形する。同様にして計4個つくる。
❹揚げ油を熱して③を入れて揚げる。ふくらんでキツネ色になってきたら竹串をさしてみて、生地がくっついてこないようなら、でき上がり。
❺すりエゴマに砂糖を加えて好みの甘さに加減し、揚げたての④をまぶしていただく。

（村上）

エゴマ入りスポンジケーキ 実 油

ケーキも国産の地粉を使い、すりエゴマを練り込んで、バターを使わずエゴマ油でヘルシーに仕上げました。エゴマの風味がたっぷりで、クリームなどで余計な飾りつけをしなくてもおいしいと好評です。お菓子に牛乳とバターは不可欠だというのは思い込みにすぎないと、つくづく思います。

材料（直径21センチ丸型1個分）

- 地粉（または薄力粉）……200g
- すりエゴマ……1/3カップ
- 卵……4個
- 砂糖……150g
- エゴマ油……大さじ1杯

つくり方

❶卵を卵黄と卵白に分け、卵白を泡立て器でツノが立つくらいまで泡立てて、卵黄と砂糖、エゴマ油を加えて混ぜる。
❷分量の小麦粉とすりエゴマをふるって加え、さっくりと混ぜ合わせる。
❸型にクッキングシートをしき、②を流し入れ、180℃に熱したオーブンで約40分焼く。

（村上）

エゴマ四方焼き 実 油

あんこを入れて四角く焼いた「お焼き」は伝統のおやつです。ゴマを使う地方が多いようですが、もちろんエゴマもおすすめです。冷めてもおいしいのですが、焼いている様子が面白いのか、焼き上がる前から子供たちが寄ってきて、あっという間になくなってしまいます。少し焦げ目がついたくらいが、香ばしくておいしいです。

材料 (8個分)

地粉	200g

※地粉が手に入らない場合は、薄力粉100gと強力粉100gを混ぜて使ってください。

卵	2個
ベーキングパウダーまたは重曹	小さじ1/4杯
砂糖	50g
塩	少々
酒	少々
つぶあん（小豆、砂糖、塩）	適宜

※つくり方105ページ参照

エゴマ	適宜
エゴマ油	適宜

つくり方

❶ボウルに卵を割りほぐし、分量の砂糖、塩、酒を入れてよく混ぜる。

❷地粉とベーキングパウダー（または重曹）を入れて練り、耳たぶくらいの固さにする。生地が固かったら酒か砂糖水を、やわらかすぎたら粉を加えて調節する。

❸つぶあんはピンポン玉大に8個丸めておく。

❹生地を8等分し、つぶあんを入れて丸める。

❺ペーパータオルか布にエゴマ油をしみ込ませてホットプレート（または鉄板かフライパン）に薄く塗り、エゴマを全面に散らす。

❻⑤の上に④を置いてまずは上下の面を焼く。裏返すときには、プレートの上のエゴマがなくなった部分にエゴマを寄せ、その上にのせてお焼きにエゴマがつくようにする。

❼上下両面にこんがり焼き目がついたら、再びプレートのエゴマを寄せ、今度は側面を下にして8個を並べて立てて焼く。同様に側面の残り3方も焼いて四角く焼き上げる。

★写真では平たい四角形に焼きましたが、サイコロ状の真四角に焼く方もいらっしゃるようですので、好みで加減してくださってかまいません。　　　　　　　　（村上）

MEMO
エゴマおこし

砂糖水を煙が出なくなる寸前まで煮立て、煎ったエゴマを入れて混ぜ合わせます。火からおろし、冷める寸前に型に入れてでき上がりです。子供たちに大受けのヘルシーおやつの一品になります。

エゴマクッキー

エゴマ入りイチゴ寒天

大学イモ エゴマかけ

エゴマクッキー （実）（油）

材料（36～40枚分）
- 薄力粉 …………………………… 160g
- エゴマ …………………………… 40g
- 砂糖 ……………………………… 70g
- 卵 ………………………………… 1個
- エゴマ油 ……………………… 大さじ1杯
- バター …………………………… 60g
- ベーキングパウダー ……………… 少々
- バニラエッセンス ………………… 少々

★エゴマ油は好みで多く入れてくださってもかまいません。

つくり方
❶エゴマは鍋かホウロクでから煎りし、1/4を取り分けて、残りをすり鉢する。
❷ボウルに分量のバターを入れ、木ベラで混ぜ合わせクリーム状にする。エゴマ油、砂糖を加えてよく混ぜる。
❸卵とバニラエッセンスを加えてさらに混ぜ、ふるった小麦粉と①のすったエゴマ、ベーキングパウダーを加えて混ぜる。
❹それぞれ直径3センチくらいに丸くまとめて天板に並べ、上に取り分けておいたエゴマをのせ、軽く押さえてオーブンで焼く。180℃で3分焼いてから160℃に温度を下げて15分が目安。 　　　　　　(田畑)

エゴマ入りイチゴ寒天 （実）

材料（4人分）
- イチゴ …………………………… 20粒
- 棒寒天 …………………………… 1本
- 水 ………………………………… 3カップ
- 砂糖 ……………………………… 1/4カップ
- レモン汁 ………………………… 少々
- すりエゴマ ……………………… 適宜

つくり方
❶寒天はたっぷりの水につけ、よく絞ってちぎり、分量の水と一緒に火にかける。
❷寒天が完全に溶けたら砂糖を加えて3～4分煮、火を止めてレモン汁を加える。
❸布巾でこし、ヘタを取ったイチゴとすりエゴマを混ぜて型に入れ、冷やし固める。
　　　　　　　　　　　　　　　　(村上)

大学イモ エゴマかけ （実）

材料（4人分）
- サツマイモ（大） ………………… 1本
- 砂糖 ……………………………… 1/2カップ
- 水 ………………………………… 1カップ
- すりエゴマ ……………………… 大さじ1
- 揚げ油 …………………………… 適宜

つくり方
❶サツマイモは洗って皮つきのまま、大きめの拍子木切り（3～5×10センチ、厚さ5ミリが目安）にして素揚げする。
❷分量の砂糖と水を鍋に入れて火にかける。煮詰めていくと、飴状にドロリとして褐色に色づいてくるので、湯気が立たなくなったところで①を入れてからめる。
❸すりエゴマをまぶしていただく。(村上)

第5章

油も葉も種も丸ごと利用
エゴマの基礎知識

つんだエゴマの葉

エゴマの素顔

地方によりさまざまな呼び方

エゴマはシソ科の1年草。シソ科のなかでも最もシソに近い植物で、シソの変種ともいわれています。種実に油を含み、これを搾るとゴマ油に似た香りの油が得られることにその名の由来があります。

原産地は中国南部・インドなどとされ、日本や朝鮮半島を含む東部アジアで古くから食べられてきました。日本国内での呼称は地方によりさまざまで、「エ（荏）」「エゴマ（荏胡麻）」「ジウネ、ジュウネまたはジュウネン（菜荏）」「アブラ」「アブラッブ」「ツブアブラ」「アブラエ」「アブラギ」「イ」「イイ」「イゴマ」「イクサ」「エグサ」「エコ」「エゴ」「シロジソ（白蘇）」「オオエノミ」などと呼ばれています。

シソ、ゴマとの違い

エゴマは種実をすったり油を搾ったりと、その用途がいちじるしく競合しているため、ゴマと混同されがちですが、品種的にはゴマはゴマ科ゴマ属、エゴマはシソ科シソ属、あくまで別の植物です。

その混同を避けるためか、最近注目のエゴマ油が商品化された際、多くのメーカーは「エゴマ油」という呼称を避け、「シソ油」という表現を使っているようです。

エゴマとシソは、それほどによく似ていて、インドや東南アジア諸国の多くでは、シソとエゴマは作物としてはっきり区別しいないことも多いようです。シソとの違いは、エゴマのほうが、

①香気（臭気）が強い
②茎葉や子実がやや大きい
③種実が丸く、油脂含有量が多い

ことです。

花穂をつけたエゴマ

日本最古の作物のひとつ

エゴマは日本固有の植物ではなく、中国南部・インド原産とされる外来種ですが、古くは縄文遺跡からエゴマの種実やパン状加工品が出土しており、古い漢方薬の処方に記載があることなどから、わが国最古の作物のひとつであったことが推測されています。

主として岩手・福島など東北地方、次いで中部地方から関東の冷涼地域など、北日本・東日本を中心に栽培され、江戸時代までは食用のほか、灯油用の搾油植物として重視されていました。

またエゴマ油は乾性が強いため油紙、雨傘、提灯、合羽などの塗布油としても用いられ、幕末から明治以降にはペンキやワニス、印刷インキ、粉石鹸、絵具などの原料にも使われていたようです。

しかし灯油用としてはナタネに、食用としてはゴマやピーナツに押され、19世紀に激減して今に至っています。

エゴマ畑

葉と種実、油の特徴

　エゴマは耐湿・耐冷性で病虫害に強く、つくりやすい植物です。

　このうち、食用になるのは葉（新芽や花穂も含む）と種実です。

　エゴマの葉は対生して広卵形から卵円形、縁にギザギザ（鋸葉）があり、表面は緑色。裏面は緑、または緑に紫がかったボカシが入っていて、うっすらと毛が生えています。形状はほとんど青ジソに似ていますが、香りが少し違い、また形もシソよりやや大きくて固いようです。残念ながら、この葉は、わが国では現在はまだ野菜として市場に出回っていないのが現状です。

　種実は直径2ミリほどの球形で、シソやゴマより少し大きく、独特の香りとうまみが特徴で、搾ると良質の油がとれます。

　黒粒と白粒に大きく分かれますが、厳密にいえば黒褐色、淡褐色、茶灰色、灰白色です。黒粒種のほうがやや小粒の傾向がありますが、含油率は黒種のほうがやや多いようです。

　エゴマの種実はゴマよりやわらかく、搾油や調理がしやすいのが特徴ですが、これは半面、雑穀としては珍しいほど種子の発芽持続年数が短いというマイナス面にもなっています。

　エゴマ、とくに種実を搾ったエゴマ油には独特の香りがあります。この香りは高度な味わいとして「きわめて好む」人もいれば、異臭または悪臭とさえも感じる人もいて、きわめて好みが分かれます。

　動物の反応も極端で、小鳥やハヤ（川魚）は異常なほどエゴマを好みますが、牛馬やウサギは反対に回避・拒絶反応を示します。この現象を営農や生活に利用している地域もあります。

　なおエゴマ油は熱酸化が早く、酸化した油の風味は搾りたてに比べると歴然と劣ります。開封して（空気に触れて）ほぼ1ヶ月で食用に向かないほどに劣化しますので、少量ずつ入手して冷蔵保管し、早めに使いきるようにしましょう。

エゴマの品種とその栽培

品種

　エゴマは品種改良が行われず、各県の推奨品種制度から除外されています。したがって在来種を導入せざるをえません。
　品種導入の際には、栽培地とできるだけ近い地域か、気候条件が似通った地域から導入することが望ましいでしょう。やむをえず遠方から導入する場合には、小面積での試作から始めることをおすすめします。一般的に、寒地系のものは早生で、暖地系のものは晩生になっています。
　日本エゴマの会では、会の所在地である福島県船引町の在来種「田村」種を栽培しています。

栽培

エゴマづくりの年間スケジュール

　エゴマは、春に芽を出し秋に実を結んで枯れる1年生植物。最低発芽温度は12℃前後で、生育の最適温度は23～25℃です。
　地域によって時期はずれますが、日本エゴマの会のある福島県船引町の場合、春まだ浅い4月に土の準備をし、5月下旬に種をまきます。3～4日後には発芽するので、間引きをしながら苗を育てます。生長のよいものを3センチ間隔で1本ずつ残すのが目安です。
　そして種まきから30～41日後には、畑に定植します。畝幅95～100センチ、株間30～40センチが目安です。太い苗は1本仕立て、細い苗は2本仕立てで直立植えにします。

エゴマの黒種

　その後は草取りをして肥料を与え、世話をしていると、8月下旬に白くて小さいかわいい花が咲き、9月上旬～10月上旬にかけて収穫時期を迎えます。

種実をとるか、葉を楽しむか

　エゴマは、種まき後の生育期間が長ければ長いほど草丈高く生長し、ちょっとした風雨にも倒れて種実の収穫に影響を与えてしまいます。したがって種実の収穫を目的とする場合には、適切な時期に種をまくのがポイントになります。
　しかし、葉を食用にすることを目的にプランターなどで育てる場合には、時期を選ぶ必要はありません。暖かい地域では、時期をずらしながら植えていくと、年間を通じて葉を収穫することができます。
　もちろんプランター栽培でも種実の収穫はできます。上手に栽培すれば苗1本当たり30～50gのエゴマが収穫できます。しかしこれは本当に「ひとつまみ」の量。翌年の種が確保できたことを喜び、その残りのささやかな収穫を、大切においしくいただくことにしましょう。

第5章　油も葉も種も丸ごと利用 エゴマの基礎知識

つんだエゴマの葉

エゴマの花穂

栽培時の注意点

★エゴマは他の品種の花粉を受粉しやすいので、別の品種やシソと近い場所で栽培すると、お互いに混じり合ってどちらも本来の性質が失われてしまいます。葉を食べる程度ならよいのですが、種実の収穫をめざす場合には注意が必要です。

★エゴマは非常に生命力が強く、定植後に活着してしまえば、あとは特別な管理は必要ありません。追肥どころか水やりも不要です。むしろ過剰な養分は徒長・過繁茂の原因となり、結果として収穫量は落ちます。すべてのポイントは「苗づくり」にあると心得てください。

葉と種実の収穫

葉の収穫

エゴマの種をまき、育てていくと、次第に枝葉が伸びてきます。この葉を適宜つみとって、食用にすることができます。

ただし、あまり葉をとりすぎると実をつけないことがあるので、種実を収穫したい場合には注意しましょう。

また栽培の途中で間引きした苗や、徒長しすぎでつんだ芽なども、おいしい食材となりますので活用してください。

エゴマ葉をつむ

種実の収穫

●収穫のタイミングが難しい

夏が終わりに近づくころ、1つの枝に4～6本の花穂がつき、やがて小さな白い花が咲きます。

エゴマは開花とともに自然に受粉するので、特別な世話は必要ありません。

しばらくすると花が落ち、茎が自然に枯れてくるとともに結実します。収穫適期を見きわめるのが難しいのですが、花が落ちてから27日前後、茎の3分の2ほどが枯れて黄色っぽくなり、いちばん成熟している花穂に触れると種が簡単にこぼれる程度が目安です。

エゴマの実はとてもデリケートで、風などのちょっとの振動でも種がはじけてしまうので、本当の「収穫適期」はたったの1日。天候などを考慮しても前後1日ずつ、合計3日が勝負なので、毎日注意して観察しましょう。

「収穫日和」は曇りの日、時間としては、朝夕の湿度の高い時間帯です。晴れて空気が乾燥してしまうと実がはじけて飛んでしまいやすく、雨にぬれた状態で収穫すると種実が腐ったりカビが生えたりするので注意しましょう。

●畑での栽培の場合

根元から鎌、または草刈り機で刈り倒します。エゴマは種実が細かくこぼれ落ちても拾うのが難しく、専用の収穫機もないので、手作業で行うしかないのが現状です。

刈り取ったエゴマは、束ねて4～7日かけて、畑またはビニールハウス内で乾燥させます。

エゴマはわずかな衝撃でも脱穀してこぼれ落ちてしまうので、大きなビニールシートを敷いた上で作業します。まず5～10本ずつ束ねて軽く叩いて虫などを落とします。それから根元を下にして、束どうしが向き合うように斜めに立てかけ、乾燥させましょう。

●プランターの場合

畑栽培と同様に茎ごと刈り取ってもかまいませんが、収穫適期を迎えた花穂を随時植木バサミなどで切るほうが簡単です。

収穫したら室内に取り込み、新聞紙を広げた上に重ならないよう並べて、日当たりのいい窓際などに置いて乾燥させましょう。

第5章 油も葉も種も丸ごと利用 エゴマの基礎知識

エゴマ葉の収穫

エゴマ葉の乾燥

脱穀

●大量の場合

ビニールシートを敷いた上で作業します。エゴマの茎葉を重ねて足で踏むか、棒などで叩いて脱穀します。

●少量の場合

プランター栽培などで収穫した少量の穂の場合は、ゴミ袋の中に入れて作業すると、こぼれた種実も無駄なく拾えて便利です。

エゴマの根元を持ち穂先を下にしてゴミ袋の中に入れ、ふるだけで、種実はうまく落ちます。

調整

脱穀した種実を洗って泥やゴミなどを落とし、食べられる状態にすることを「調整」といいます。

まずは、ザルなどを使って、大きなゴミや殻などと種実をふるい分けます。

次に2つの水槽（少量の場合はボウル）に水を張り、そのうちの1つに種実を入れて、よくかき回して泥や砂を下に沈ませ、浮いた種実をザルですくいます。

すくった種実をザルか網かごに入れて、米をとぐ要領で丁寧に洗って泥やゴミを流します。水けをきって、目の細かい網（大量の場合は網戸を外して洗って使えば便利）などの上で乾燥させます。

少量の場合は、お菓子などの空き缶の中に新聞紙を入れて種実を広げ、ときどき新聞紙を替えて乾燥させるといいでしょう。

119

エゴマ油の搾油

　昔はどこの町にも原料を持ち込めば油を搾ってくれる「搾油所」がありましたが、今ではほとんど見かけなくなったのは残念です。

　α-リノレン酸たっぷりの安全でおいしいエゴマ油を確実に入手するには、エゴマを自家栽培して自分で搾油するのが最良の方法です。しかし栽培はできたとしても、搾油設備は高価なので、個人で導入するのは難しいものです。

　まずは近くにナタネなどを搾っている搾油所がないかどうか探してみましょう。なかには委託で搾油してもらえる場合があります。

エゴマの搾油

流通と入手

種実の流通と入手
●栽培地域や物産展で探す

　実際のところ、全国レベルで見渡してみると、エゴマの入手はかなり困難です。しかし自然食品店や山間地域の物産館、市（いち）などに出回っていることがありますから、まずは探してみてください。とくに福島、山形、岩手など東北地方では、比較的市場に出回っています。

　その際には「エゴマ」という名前でなく、その地域での呼び名で売られているケースがほとんどなので、乾物関係を丹念に見てみることをおすすめします。「エ」「ジウネ」「ジュウネ」「ジュウネン」「アブラ」「アブラツブ」「ツブアブラ」「アブラエ」「アブラギ」「イ」「イイ」「イゴマ」「イクサ」「エグサ」「エコ」「エゴ」「シロジソ」「オオエノミ」などの呼称を覚えておきましょう。

●栽培用の種子を入手する

　どうしても手に入らない場合は、131ページにも述べていますが日本エゴマの会事務局（代表　村上周平 ☎0427-86-2319）まで、お電話またはFAXでお問い合わせください。食用に大量にお分けすることはできませんが、栽培用の種子を有料にてお分けいたします。

葉の流通と入手

　エゴマの葉は、現在のところ、残念ながら野菜として市場に流通していません。したがって、葉を入手したいなら、自分で栽培するか、栽培している方に分けていただくしか方法がありません。

　エゴマは栽培しやすく、プランターでも簡単につくれるので、ぜひ自宅でつくってみることをおすすめします。プランター1〜2個程度の栽培で、ひと夏中おいしいエゴマの葉をいただくことができます。

花穂をつけたエゴマ

エゴマ油の流通と入手

　エゴマ油は、エゴマを自分で栽培して搾油するのがもちろんベストですが、それが無理な場合にも入手は可能です。

　近年いくつかのメーカーから「シソ油」という名称で発売されているものが、実はエゴマ油です。エゴマがシソ科の植物であることと、ゴマ油との混同を避けるため、この商品名がつけられたと推測されます。

　ナタネやコーンなどの油に比べて生産コストが高いので、食用油としてはやや高価ですが、現在各地のスーパーや自然食品店、通販、インターネットなどで流通しています。

　ただし原材料のエゴマは輸入品が多く、ポストハーベスト（収穫後の農薬使用）問題をクリアしていない可能性があること、また搾油時に化学薬品を使っていない保証がないことなど、従来の食用油の安全性の問題点はそのまま残っています。

　安全性という観点では完全ではありませんが、α-リノレン酸の摂取源としてのエゴマ油を入手するという観点から考えれば、これらの市販品を利用するのは1つの方法だと思います。

　日本エゴマの会ではエゴマ油を一般に販売することはしていません。これも後述していることですが、「提携者会員」という名称で、年に最低1回なんらかの形で生産作業に参加する（種まき、除草、収穫などの作業を体験する）ことを条件に、月に1本（300cc）、完全無農薬有機栽培エゴマ油の搾りたてをお届けするシステムをつくっています。

　ただし原料のエゴマの量に限界があるため、年に1回、収穫確認時（11月ごろ）に翌年分の会員を確定させていただいています。その際は継続会員が優先で、余裕がある場合に新規会員をお受けするという形（年会費55,000円前金制）です。予約のご希望は随時受けつけておりますので、日本エゴマの会事務局へお申し込みください。

葉の食べ方・生かし方

エゴマ葉を干して乾燥させたお茶は、緑茶やウーロン茶のような濃い色ではなく、薄褐色をしていて、あっさりした風味。ハーブティーのような感覚です。料理というよりは加工食品のようなものですが、手軽にできますのでぜひお試しください。

また、暖かい地域で種まき時期をずらした通年栽培を行うのでない限り、一般的にはエゴマの葉は夏だけの季節ものですが、塩漬けにして冷蔵庫に入れておくと、1年くらいは保存できます。葉の緑色もそのままで、風味もよく、さっと熱湯に通せば生葉と同じように料理できます。使うときには水に浸し、塩抜きして使います。

エゴマ茶

材料
エゴマの葉（生）……………………適宜

つくり方
❶エゴマ葉は、裏返してよく見て、傷や虫くいのない、いい葉だけを選別し、洗って水けをきる。
❷ビニールひものよじり目にエゴマの茎をさし込み、風通しのいい軒先などにつるして陰干しする。量が少ない場合は、盆ザルなどに広げて乾かしてもいい。
❸茎が緑から茶色に変わり、葉もカラカラに乾いたら、缶やビニール袋などに入れ、密閉して保管する。

★つるすときも広げて干すときも、葉が重ならないように注意してください。

飲み方
❶急須に乾いた葉を適宜入れ、熱湯を注ぐ。
❷湯が薄く色づいたら茶碗に注いでいただく。

(村上)

エゴマ葉の塩漬け（保存法）

材料
エゴマの葉………………………………100枚
塩…………………………………………100g

つくり方
❶エゴマ葉は洗ってザルにあげる。
❷エゴマ葉の水けがきれないうちに、漬け容器に塩をふり、葉を3枚くらいずつ塩と交互に重ねていき、いちばん上にも塩をふる。
❸軽めの重しをして2～3時間常温で置いてから、冷蔵庫に入れて保存する。
★葉からあまり水分が出ないので、うまく塩が回るよう、水がきれないうちに塩をふって漬けるのがコツです。
★密閉容器で漬けるときは、ときどき上下を返してやると、塩が均一に回ります。

もどし方
必要なだけ取り出し、10～15分水につけて塩抜きする。

食べ方
・鉄板焼きの肉や野菜を巻いて食べる。
・おにぎりを包む。
・食べやすく切って他の漬け物と混ぜる。
・絞ってから、だしじょうゆに漬ける。
★1～4章の中でも、さまざまな利用法をご紹介していますので、そちらもご参照ください。
（田畑）

実の食べ方・生かし方

エゴマは、料理する前に必ず鍋かホウロクでから煎り（油をひかずに加熱すること）して香ばしさを出してから使いましょう。手軽につくれるエゴマ（種実）の加工品を2品ご紹介しましょう。かき餅は餅を干した保存食で、揚げたり焼いたりしておやつにします。エゴマ豆腐は濃厚な味わい。ひと味違う冷や奴が味わえます。

エゴマ入りかき餅

材料
もち米
すりエゴマ
海苔
塩　少々

つくり方
❶もち米を蒸して餅をつく。
❷つき上がる直前に、すりエゴマ、塩、刻み海苔を入れ、つきながら混ぜ込む。
❸平たくのして、少し固まったら好みの大きさに切る。
★でき上がりを大きくしたいときは厚めに、小さくしたいときは薄めにのします。
★まずは棒状になるように包丁で切り出し、それを好みの厚さにスライスします。
❹風通しのいい場所でザルに広げ、カチカチに固くなるまで陰干しする。

食べ方
・油で揚げて（せんべい風）。
・小さめにつくったものをホウロクで煎れば「おかき」になります。

（村上）

エゴマ豆腐

材料 （2丁分）
- 大豆……………………………1カップ
- ニガリ…………………………大さじ3杯
- すりエゴマ……………………1/4カップ
- さらしの袋
- 豆腐の型

※型は2丁分の豆腐の型が市販されていますが、牛乳パックに穴を開けて手づくりしてもいいでしょう。

つくり方
❶大豆は洗って一晩たっぷりの水につけ、ミキサーにかけてすりつぶす。

❷大きめの鍋に七分目くらいの量の湯をわかし、沸騰したら①を流し込む。

❸泡（アク）を取りながら約30分煮る。わきすぎて泡があふれるようなときは火を弱める。泡が出なくなったら火を止める。

❹木桶または別鍋の上にさらしの袋の口を開けておき、③を流し入れて絞る。絞り出た液体が豆乳で、袋に残ったものがおからになる。

❺80℃まで冷まし、すりエゴマと分量の3分の2のニガリを加えて混ぜる。温度が下がりすぎると固まらないので、寒い時期には保温し、冷めてしまった場合には熱湯を加えて、80℃を保つようにする。

❻10分後、残りのニガリを加えて混ぜる。

❼固まって下に沈み、水とうまく分離したような状態になった場合は、それをすくって型に流す。あまりうまく分離しなかった場合は、ザルの中にさらしの布をしき、容器の中身を全部あけて水分をある程度抜き、型に入れる。

❽重しをかけ、15分ほどで取り出して水に入れる。

★重しは豆腐の重量と同量、サイダーびんに水を入れたもの2本くらいが目安です。

（村上）

エゴマの全国サミットの開催

全国サミットの会場

3日間でのべ600人が参加

　1999年5月8〜9日、福島県田村郡船引町にて第1回エゴマサミットが開催され好評を博したことは、前著『エゴマ〜つくり方・生かし方〜』(日本エゴマの会編、創森社)にてご報告しましたが、このたび2001年6月2〜4日、待望の第2回の全国エゴマサミットが開催されました。3日間でのべ600人(全国各地から180人、開催地である船引町の地元住民250人)の参加者がエゴマについて熱心に語り合い、エゴマ普及への今後の意欲を新たにしました。

　サミット1日目は講演。
「くわと宇宙船〜美しい地球のいのちを守るため自給百姓を!」秋山豊寛(日本初の宇宙飛行士。現在は船引町の南に位置する滝根町で農業を営む)、「日本民族の食文化・雑穀エゴマの歴史と栽培」古澤典夫(雑穀＆郷土食・伝統食研究家)、「反当たり200kgとり摘芯抑制栽培法」林栄奎(韓国の農業技術者)、「薬では治らない成人病とエゴマの効果」奥山治美(名古屋市立大学薬学部教授。食用油と健康についての研究者)、「エゴマを活用した食餌法の実践例」若林武雄(国立療養所福島病院外科医長)などの有意義なお話がうかがえました。

　2日目は全国からエゴマ栽培体験者を集めてのパネルディスカッション。「エゴマはアレルギー改善に役立つ」(鳥取発)、「α-リノレン酸を高めた卵の生産」(宮城発)、「α-リノレン酸の含有量を高めた豚肉生産」(福島発)、「エゴマ食油自給運動2年の実際」(茨城発)、「船引産エゴマ油を2年食べて思うこと」(福島発)、「自給による世界最長寿の町づくり」(福島発)など、エゴマ関連の体験談を通して、エゴマの現在と未来を考えました。

未来に向けてさらに発進

　3日目は栽培実習と料理の試食。
　午前中は、播種体験や調整、搾油の実演

第5章 油も葉も種も丸ごと利用 エゴマの基礎知識

エゴマ苗の植え付け

を通して、参加者にエゴマ栽培から搾油までの流れを体験していただき、エゴマ油の自給は決して非現実的な夢物語ではなく実現可能であるいうことを体感していただきました。

　参加者のみなさんからも意欲的な質問などが出て、エゴマ栽培がこれから全国的に波及していくであろうという手ごたえを確かに感じました。

　お昼どきには場所を移し、エゴマを使った伝統料理（エゴマ餅、縄文パン、エゴマうどんなど）の調理体験と試食会。なかにはエゴマ料理は初めてという方もいらっしゃったのですが、たいへん好評で、みなさんエゴマ栽培に新たな意欲を感じてくださったようです。

　このようにして第2回サミットは好評のうちに幕を閉じました。ご協力いただいた講師の先生方、日本エゴマの会会員のみなさん、また開催地である船引町、および住民のみなさんに深く感謝し、ここにご報告させていただきます。

搾油の実演

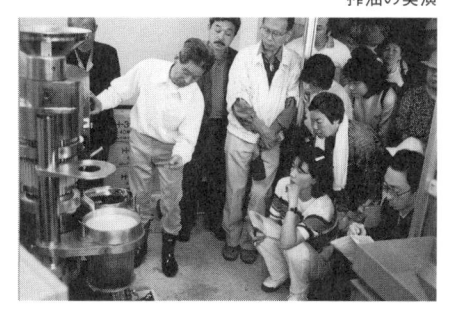

エゴマうどんの生地をのす

愛農会もエゴマの栽培奨励・加工へ

焙煎機にエゴマの種実を入れて煎る。右脇は搾油機（東京ビッグサイト）

まずは足元の食用油の自給を

　(社)全国愛農会（以下、愛農会と略）では、2001年からエゴマの栽培を本格的に奨励したり、指導したりする方針を打ち立てています。また、会員が生産したエゴマを有効に生かすため、エゴマの焙煎機、搾油機などを導入し、加工事業に乗り出すことを取り決めています。

　日本エゴマの会の村上周平会長も古くからのメンバーとなっている愛農会は、1945年、小谷純一によって起こされました。農業を愛し、農業に生きる仲間が、自主独立の運動として推進し、全国に広げています。個人の思想、信仰の自由を認めながら愛農会の二つの祈り（人類社会の平和、自主独立と愛と協同による村づくり）と、愛農精神（神と人と土を愛する三愛精神）に共鳴する人々が集い、平和で明るい農村・社会を実現するための活動を続けています。

　愛農会の理事職員である山本和宏さんはエゴマの奨励について、「食料自給率の低い日本では、遅かれ早かれ食料危機のくることは日を見るよりも明らか。かといって一挙に自給をしていくことはむずかしい状況にあります。まずは、私たちの健康を大きく左右している食用油の自給から暮らし全体の自給へ広げていきたいものです」と、打ち明けます。

エゴマの搾油と餅つきを実演

　愛農会では、2001年秋、東京ビッグサイト（東京都江東区有明）で開催されたエコリビングパークに参加し、ブースを確保。パークフェスタとしてエゴマ餅をつき、入場者に配布し、試食をしてもらいました。

　また、日本エゴマの会の協力によって会場の一角に焙煎機、搾油機などを設置し、エゴマ油ができるまでの一連の工程を実演したり、ビン詰めのエゴマ油を展示したりしました。

　参考までに、愛農会作成のチラシ「エゴ

第5章 油も葉も種も丸ごと利用 エゴマの基礎知識

入場者にエゴマの効用を説明する日本エゴマの会の村上会長

マからはじまる健康と安心!!」のなかに記されているエゴマのユニークな持ち味の一部を列挙しておきましょう。

◇エゴマには、ほかの食用油にほとんど含まれていないα-リノレン酸が油成分の約60％を占めています。

◇このα-リノレン酸は、高血圧症、脳硬塞の進行や老化を抑制し、ガンの発症をおさえるなど驚異的な抑止効果があります。

◇地域や土地の制約が少なく、全国的にどこでも育てることができます。

◇エゴマは自分でタネをとることができ、しかも無農薬栽培に向いているので安全性が高く、遺伝子組み換えの心配もありません。

◇油だけでなく、エゴマの葉は生のままで焼き肉などに巻いて食べたり、塩漬け・しょうゆ漬け、キムチ漬など夏場の葉物類の少ないときに重宝します。

◇種子をすりつぶしてエゴマ餅、エゴマ味噌、あえ物、エゴマパン、クッキー、ジュースなど、さまざまな料理にご利用できます。

つきたての餅にエゴマをからめる

入場者に好評のエゴマ餅

129

日本エゴマの会の取り組み

有機農業の背景

　日本エゴマの会は、輸入に依存している食用油の不安を自ら取り除くため、安全性と味・健康面で理想的である「エゴマ油」をつくって食べ、健康で長寿に楽しく生きたい人々の集まりです。1997年5月16日、福島県田村郡船引町にて設立されました。

　設立の背景には、自給有機農業への取り組みがあります。

　30年前、船引町で長年農業を営んでいた村上周平（日本エゴマの会会長）が身体の変調に気づき、「ガンの一歩手前」という宣告を受けたときに愛農会の有機農業を育てた医師・梁瀬義亮氏（故人）と出会い、氏の「原因は食べ物にある。完全有機農法に取り組み、玄米食にしなさい」というアドバイスにより有機農業に転換、「自分でつくった、本当に安全なものだけを食べる」食生活をめざします。

食用油の自給をめざす

　しかし「完全自給有機農業」には大きな障害がありました。食用油が自給できないのです。ナタネをつくって油を搾ろうとしても、搾油所がありません。けれども市販の食用油には、ポストハーベスト（収穫後の農薬使用）の問題、製油工程中に使用される化学薬品や酸化防止剤混入の問題、輸入原料に遺伝子組み換え種子混入の問題など、大きな不安がありました。

　そこに登場してきたのが「エゴマ」です。かつてのリノール酸信仰が誤りであり、健康のためにはα-リノレン酸を多く含む油を摂ったほうがよいという栄養指導が行われています。このα-リノレン酸を多く含む「エゴマ油」を、原料の安全性を考慮して完全有機栽培から自給しようという目標が生まれ、日本エゴマの会が設立されました。

会員システムについて

　日本エゴマの会には生産会員と提携会員があります。

　生産会員は、文字通り、エゴマの有機栽培に取り組み、エゴマを生産している方たちです。

　提携会員とは、簡単にいえば消費者会員。生産会員が自給して余裕の出たエゴマを、提携会員用エゴマ油の原料とさせていただいています。ただし、ただお金を払っての購入ではなく、年に最低1回は種まき、除草、収穫などに参加し、作業を体験することを条件にしたうえで、新規の年会費55,000円（2003年12月現在）前金制で、月に1本（300cc）、完全無農薬有機栽培エゴマ油の搾りたてをお届けしています。エゴマ油は熱酸化が早く、消費期限はほぼ1ヶ月なので、少量ずつの宅配という形をとりました。

　なお、原料のエゴマの量に限界があるため、提携会員の募集は年に1回（ただし予約は随時受付け）。毎年11月ごろ、エゴマの収穫を確認したうえで、翌年の会員を確定させていただいています。その際は継続会員が優先で、余裕がある場合に新規会員をお受けするという形です。

　近年、エゴマ油への注目が高まり、日本エゴマの会へのお問い合わせも多いのですが、完全に安全な原料を自分たちで生産しているため、残念ながら、ご希望するみなさま全員にエゴマ油をお届けするのは無理なのが現状ですが、生産会員をふやすことで極力対応していこうと考えています。

発足時、生産会員15名・提携会員30名でスタートした会は、2001年8月現在、生産会員20名・提携会員100名となり、今後も増加する見通しです。

地域とともに健康づくり

日本エゴマの会は、地元である福島県田村郡船引町とともに「健康長寿町づくり」を進めています。

エゴマ油の自給には、搾油所の問題があります。かつて地域に必ずあった搾油所は近年ほとんど姿を消し、原料のエゴマを生産してもエゴマ油は自給できないという問題が生じています。この問題を解消するため、日本エゴマの会では1998年、エゴマ栽培の盛んな韓国から、エゴマ専用の搾油機を導入し、搾油を開始しました。

この成果をうけて船引町も2000年、搾油機を設置しました。現在では、町民だれでも原料のエゴマを持ち込んで、低額で搾油できるシステムが整い、エゴマ栽培とエゴマ油自給は飛躍的に進んでいます。

日本エゴマの会の活動方針

・生産技術の研究（目標は反当たり200kg）
・品質向上の研究（良質な有機質肥料使用）
・生産と消費（健康な食生活の研究）
・搾油加工の研究
・搾油施設設備施工提供、全国普及
・生産者、消費者、提携会による共同の自給耕作（2003年12月現在、生産者会員、消費者である提携会員併せて200名余り）
・各県に日本エゴマの会の活動を提供し、エゴマ自給を全国に広げる

種子の頒布について

エゴマは各県の推奨品種制度から外されているため、種子はなかなか手に入りにくいのが現状です。しかし、まずは各都道府県の農業試験場や、最寄りの農業改良普及センター、ＪＡ、種子販売店などに問い合わせてみてください。

また、山間地域の物産展や市、自然食品店などで食用に売られているものから栽培することができますので、そちらも探してみましょう。

しかし、どうしても手に入らない場合は、

日本エゴマの会事務局（代表　村上周平）
　☎0427-86-2319

まで、お電話またはFAXでお問い合わせください。栽培用の種子を有料にてお分けいたします。また、搾油機施設の相談に応じます。

エゴマの黒種

[エゴマINFORMATION]

日本エゴマの会（村上周平会長）
〒963-4543　福島県田村郡船引町大字中山字田代380-4　☎＆FAX 0247-86-2319

株式会社 まほろば（宮下周平社長）
〒063-0035　北海道札幌市西区西野5条2-9-16　☎011-665-6624　FAX 011-665-6689

秋田エゴマの会（佐藤喜作会長）
〒018-0402　秋田県由利郡仁賀保町平沢前谷地239　☎＆FAX 0184-36-3338

西和賀農業協同組合（佐々木覺組合長）
〒029-5614　岩手県和賀郡沢内村太田8-60
☎＆FAX 0197-85-2045

衣川ふるさと自然塾
〒029-4301　岩手県胆沢郡衣川村大字上衣川字下大森109-3　☎＆FAX 0197-52-6180

山形エゴマの会事務局（大内文雄）
〒992-0832　山形県西置賜郡白鷹町荒砥2101　☎＆FAX 0238-87-2064

色麻町エゴマ栽培推進協議会（早坂静夫会長）
〒981-4111　宮城県加美郡色麻町黒沢八幡28　☎0229-65-2751　FAX 0229-65-2970

船引町農林課
〒963-4393　福島県田村郡船引町大字船引字馬場川原20　☎0247-82-1111　FAX 0247-82-4555

船引町有機農業研究会（佐久間金徳会長）
〒963-4436　福島県田村郡船引町大字新館字上70　☎＆FAX 0247-84-2250

都路村産業課
〒963-4701　福島県田村郡都路村大字古道字本町33-4　☎0247-75-3550（直通）　FAX 0247-75-2844

茨城エゴマの会（赤須正友会長）
〒313-0049　茨城県常陸太田市天神林町2091　☎0294-72-5521　FAX 0294-72-5520

麻生町エゴマ生産協議会（磯山信也代表）
〒311-3802　茨城県行方郡麻生町於下9701
☎0299-77-0521（夜間☎0299-77-0637）
FAX 0299-77-0577

横浜土を守る会（唐沢とし子代表）
〒236-0052　神奈川県横浜市金沢区富岡西7-3-7鹿島2F　☎045-774-0480

食生活研究会（浅井まり子会長）
〒251-0052　神奈川県藤沢市藤沢541　長島屋2F　☎0466-22-0635　FAX 0466-28-1751

ラーバンの森（山崎一之代表）
〒913-0062　福井県坂井郡三国町陣ヶ岡26-10-15　☎＆FAX 0776-82-1826

設楽町役場産業振興課
〒441-2301　愛知県北設楽郡設楽町大字田口字居立2　☎05366-2-0511（代表）

社団法人 全国愛農会
〒518-0221　三重県名賀郡青山町別府740
☎0595-52-0108　FAX 0595-52-0109

エゴマの環21大阪エゴマの会
（市枝聖子事務所代表）
〒543-0033　大阪市天王寺区堂ヶ芝1-11-18SHIKO桃谷ビル201　☎＆FAX 06-6773-8924

広島エゴマの会（道下貞登会長）
〒729-5501　広島県比婆郡東城町小奴可492-11　☎＆FAX 084-775-0405

福富町産業振興課
〒724-0203　広島県賀茂郡福富町久芳3694-1　☎0824-35-2211　FAX 0824-35-2030

●編者プロフィール
日本エゴマの会（Japan Egoma Society）
1997年、エゴマを健康増進をはかるための自給油脂作物としてつくり、全国津々浦々に普及・奨励していくことを目的に設立。有機農法によるつくり方や脱穀・調製、搾油法、さらに食べ方を研究したり、種々のイベントを開催したりしてエゴマによる「健康づくり・地域づくり」を全国的に展開している。会長・村上周平。現在の会員は200名余り（生産者会員、消費者である提携会員を含む）。編著に『エゴマ～つくり方・生かし方～』（創森社）。

［日本エゴマの会］事務局
〒963-4543　福島県田村郡船引町大字中山字田代380-4
TEL＆FAX　0247-86-2319

●料理制作者プロフィール
村上みよ子（むらかみ　みよこ）
　茨城県北茨城市生まれ。福島県船引町にて夫の周平らとエゴマなどを栽培するかたわら、エゴマを生かした伝統食・郷土食の再現、保存、普及につとめる。要望に応じ、エゴマを食材とした料理講習なども受けもつ。

田畑久恵（たばた　ひさえ）
　福島市生まれ。福島県郡山市にて、1988年より無農薬野菜や自然卵などを取り入れた手づくり松花弁当を中心メニューに据えた「きっちん　ぱれっと」を経営。クッキングコーディネーターなどをつとめるかたわら、料理教室「ぱれっとくらぶ」などを指導する。

よく効（き）くエゴマ料理（りょうり）

2001年10月20日　第1刷発行
2011年12月14日　第3刷発行

編　　者——日本（にほん）エゴマの会（かい）
発　行　者——相場博也
発　行　所——株式会社　創森社
　　　　　　〒162-0805　東京都新宿区矢来町96-4
　　　　　　TEL 03-5228-2270　FAX 03-5228-2410
　　　　　　http://www.soshinsha-pub.com
　　　　　　振替 00160-7-770406
組　　版——有限会社　天龍社
印刷製本——中央精版印刷株式会社

落丁・乱丁本はおとりかえします。定価は表紙カバーに表示してあります。
本書の一部あるいは全部を無断で複写、複製することは法律で定められた場合を除き、著作権および出版社の権利の侵害となります。
©Japan Egoma Society 2001 Printed in Japan ISBN978-4-88340-119-2　C0077

"食・農・環境・社会"の本

創森社 〒162-0805 東京都新宿区矢来町 96-4
TEL 03-5228-2270　FAX 03-5228-2410
＊定価(本体価格+税)は変わる場合があります

http://www.soshinsha-pub.com

農的小日本主義の勧め　篠原孝著　四六判288頁1835円

ブルーベリー　～栽培から利用加工まで～　日本ブルーベリー協会 編　A5判196頁2000円

ミミズと土と有機農業　中村好男 著　A5判128頁1680円

身土不二の探究　山下惣一 著　A5判240頁2100円

炭やき教本　～簡単窯から本格窯まで～　恩方一村逸品研究所 編　A5判176頁2100円

ブルーベリークッキング　日本ブルーベリー協会 編　A5判164頁1600円

安全を食べたい　遺伝子組み換え食品いらない！キャンペーン事務局 編　A5判176頁1500円

有機農業の力　星寛治 著　四六判240頁2100円

炭焼小屋から　美谷克己 著　四六判224頁1680円

家庭果樹ブルーベリー　～育て方・楽しみ方～　日本ブルーベリー協会 編　A5判148頁1500円

エゴマ　～つくり方・生かし方～　日本エゴマの会 編　A5判132頁1680円

農的循環社会への道　篠原孝 著　A5判328頁2100円

炭焼紀行　三宅岳 著　四六判224頁2940円

農村から　丹野清志 著　A5判336頁3000円

台所と農業をつなぐ　大野和興 編　山形県長井市・レインボープラン推進協議会 編　A5判272頁2000円

雑穀が未来をつくる　国際雑穀食フォーラム 編　A5判280頁2100円

一汁二菜　境野米子 著　A5判128頁1500円

薪割り礼讃　深澤光 著　A5判216頁2500円

熊と向き合う　栗栖浩司 著　A5判160頁1500円

立ち飲み酒　立ち飲み研究会 編　A5判352頁1890円

土の文学への招待　南雲道雄 著　四六判240頁1890円

ワインとミルクで地域おこし　～岩手県葛巻町の挑戦～　鈴木重男 著　A5判176頁2000円

一粒のケナフから　NAGANOケナフの会 編　A5判156頁1500円

ケナフに夢のせて　甲山ケナフの会 協力　久保弘子・京谷淑子 編　A5判172頁1500円

リサイクル料理BOOK　福井幸男 著　A5判148頁1500円

すぐにできるオイル缶炭やき術　溝口秀士 著　A5判112頁1300円

病と闘う食事　境野米子 著　A5判224頁1800円

百樹の森で　柿崎ヤス子 著　四六判224頁1500円

ブルーベリー百科Q&A　日本ブルーベリー協会 編　A5判228頁2000円

大衆食堂　野沢一馬 著　四六判248頁1575円

焚き火大全　吉長成恭・関根秀樹・中川重年 編　A5判356頁2940円

納豆主義の生き方　斎藤茂太 著　四六判160頁1365円

つくって楽しむ炭アート　道祖土靖子 著　B5変型判80頁1575円

豆腐屋さんの豆腐料理　山本久仁佳・山本成子 著　A5判96頁1365円

スプラウトレシピ　～発芽を食べる育てる～　片岡美佐子 著　A5判96頁1365円

玄米食 完全マニュアル　境野米子 著　A5判96頁1400円

手づくり石窯BOOK　中川重年 編　A5判152頁1575円

農のモノサシ　山下惣一 著　四六判256頁1680円

東京下町　小泉信一 著　四六判288頁1575円

豆屋さんの豆料理　長谷部美野子 著　A5判112頁1365円

雑穀つぶつぶスイート　木幡恵 著　A5判112頁1470円

不耕起でよみがえる　岩澤信夫 著　A5判276頁2310円

薪のある暮らし方　深澤光 著　A5判208頁2310円

"食・農・環境・社会"の本

創森社 〒162-0805 東京都新宿区矢来町96-4
TEL 03-5228-2270　FAX 03-5228-2410
＊定価(本体価格＋税)は変わる場合があります

http://www.soshinsha-pub.com

菜の花エコ革命
藤井絢子・菜の花プロジェクトネットワーク 編著
四六判272頁1680円

市民農園のすすめ
千葉県市民農園協会 編著
A5判156頁1680円

手づくりジャム・ジュース・デザート
井上節子 著
A5判96頁1365円

竹の魅力と活用
内村悦三 編
A5判220頁2100円

秩父 環境の里宣言
久喜邦康 著
四六判256頁1500円

農家のためのインターネット活用術
まちむら交流きこう 編
A5判128頁1400円

実践事例 園芸福祉をはじめる
日本園芸福祉普及協会 編
A5判236頁2000円

虫見板で豊かな田んぼへ
宇根豊 著
A5判180頁1470円

体にやさしい麻の実料理
赤星栄志・水間礼子 著
A5判96頁1470円

雪印100株運動 〜起業の原点・企業の責任〜
梅谷献二 著
四六判324頁2520円

虫を食べる文化誌
田舎のヒロインわくわくネットワーク 編／やまざきょうこ 他著
四六判288頁1575円

すぐにできるドラム缶炭やき術
杉浦銀治・広若剛士 監修
A5判132頁1365円

竹炭・竹酢液 つくり方生かし方
杉浦銀治ほか 監修／日本竹炭竹酢液生産者協議会 編
A5判244頁1890円

森の贈りもの
柿崎ヤス子 著
四六判248頁1500円

竹垣デザイン実例集
古河功 著
A4変型判160頁3990円

タケ・ササ図鑑 〜種類・特徴・用途〜
内村悦三 編著
B6判224頁2520円

毎日おいしい 無発酵の雑穀パン
木village恵 著
A5判112頁1470円

自然栽培ひとすじに
木村秋則 著
A5判164頁1680円

星かげ凍るとも 〜農協運動あすへの証言〜
島内義行 編著
四六判312頁2310円

里山保全の法制度・政策 〜循環型の社会システムをめざして〜
関東弁護士会連合会 編
B5判552頁5880円

自然農への道
川口由一 編著
A5判228頁2000円

素肌にやさしい手づくり化粧品
境野米子 著
A5判128頁1470円

土の生きものと農業
中村好男 著
A5判108頁1680円

ブルーベリー全書 〜品種・栽培・利用加工〜
日本ブルーベリー協会 編
A5判416頁3000円

おいしい にんにく料理
小野房子 著
A5判96頁1365円

カレー放浪記
佐野房吉 著
四六判264頁1470円

竹・笹のある庭 〜観賞と植栽〜
柴田昌三 著
A4変型判160頁3990円

自然産業の世紀
アミタ持続可能経済研究所 著
A5判216頁1890円

木と森にかかわる仕事
大成浩市 著
A5判208頁1470円

薪割り紀行
深澤光 著
A5判208頁2310円

協同組合入門 〜その仕組み・取り組み〜
河野直践 編著
四六判240頁1470円

園芸福祉 実践の現場から
日本園芸福祉普及協会 編
B5変型判240頁2730円

自然栽培ひとすじに
木村秋則 著
A5判164頁1680円

紀州備長炭の技と心
玉井又次 著
A5判212頁2100円

一人ひとりのマスコミ
小中陽太郎 著
四六判320頁1890円

育てて楽しむ ブルーベリー12か月
玉田孝人・福田俊 著
A5判96頁1365円

炭・木酢液の用語事典
谷田貝光克 監修／木質炭化学会 編
A5判384頁4200円

園芸福祉入門
日本園芸福祉普及協会 編
A5判228頁1600円

全記録 炭鉱
鎌田慧 著
四六判368頁1890円

食べ方で地球が変わる 〜フードマイレージと食・農・環境〜
山下惣一・鈴木宣弘・中田哲也 編著
A5判152頁1260円

虫と人と本と
小西正泰 著
四六判524頁3570円

割り箸が地球と地球を救う
佐藤敬一・鹿住貴之 著
A5判96頁1050円

森の愉しみ
柿崎ヤス子 著
四六判208頁1500円

園芸福祉 地域の活動から
日本園芸福祉普及協会 編
B5変型判184頁2730円

ほどほどに食っていける田舎暮らし術
今関知良 著
四六判224頁1470円

〝食・農・環境・社会〟の本

創森社　〒162-0805 東京都新宿区矢来町96-4
TEL 03-5228-2270　FAX 03-5228-2410
http://www.soshinsha-pub.com
＊定価(本体価格＋税)は変わる場合があります

育てて楽しむ　タケ・ササ　手入れのコツ
内村悦三 著　A5判112頁1365円

ブルーベリーに魅せられて
西下つた代 著　A5判124頁1500円

野菜の種はこうして採ろう
船越建明 著　A5判196頁1575円

直売所だより
山下惣一 著　四六判288頁1680円

ペットのための遺言書・身上書のつくり方
高野瀬順子 著　A5判80頁945円

グリーン・ケアの秘める力
近藤まなみ・兼坂さくら 著　276頁2310円　A5判

心を沈めて耳を澄ます
鎌田慧 著　A5判360頁1890円

いのちの種を未来に
野口勲 著　A5判188頁1575円

森の詩～山村に生きる～
柿崎ヤス子 著　四六判192頁1500円

田園立国
日本農業新聞取材班 著　四六判326頁1890円

農業の基本価値
大内力 著　四六判216頁1680円

現代の食料・農業問題～誤解から打開へ～
鈴木宣弘 著　A5判184頁1680円

虫けら賛歌
梅谷献二 著　四六判268頁1890円

山里の食べもの誌
杉浦孝蔵 著　四六判292頁2100円

緑のカーテンの育て方・楽しみ方
緑のカーテン応援団 編著　A5判84頁1050円

育てて楽しむ　ユズ・柑橘　栽培・利用加工
音井格 著　A5判96頁1470円

バイオ燃料と食・農・環境
加藤信夫 著　A5判256頁2625円

田んぼの営みと恵み
稲垣栄洋 著　A5判140頁1470円

石窯づくり早わかり
須藤章 著　A5判108頁1470円

ブドウの根域制限栽培
今井俊治 著　B5判80頁2520円

飼料用米の栽培・利用
小沢亘・吉田宣夫 編　A5判136頁1890円

農に人あり志あり
岸康彦 編　A5判344頁2310円

現代に生かす竹資源
内村悦三 監修　A5判220頁2100円

人間復権の食・農・協同
河野直践 著　四六判304頁1890円

反冤罪
鎌田慧 著　四六判280頁1680円

薪暮らしの愉しみ
深澤光 著　四六判228頁2310円

農と自然の復興
宇根豊 著　四六判304頁1680円

農の世紀へ
日本農業新聞取材班 著　四六判328頁1890円

育てて楽しむ　雑穀　栽培・加工・利用
稲垣栄洋 著　楢喜八 絵　A5判120頁1470円

オーガニック・ガーデンのすすめ
曳地トシ・曳地義治 著　A5判96頁1470円

はじめよう！自然農業
趙漢珪 監修　姫野祐子 編　A5判268頁1890円

農の技術を拓く
西尾敏彦 著　A5判288頁1680円

田んぼの生きもの誌
稲垣栄洋 著　楢喜八 絵　A5判236頁1680円

東京シルエット
成田一徹 著　四六判264頁1680円

玉子と土といのちと
菅野芳秀 著　四六判220頁1575円

生きもの豊かな自然耕
岩澤信夫 著　四六判212頁1575円

里山復権　能登からの発信
中村浩二・嘉田良平 編　A5判228頁1890円

自然農の野菜づくり
川口由一 監修　高橋浩昭 著　A5判236頁2000円

農産物直売所が農業・農村を救う
田中満 編　A5判152頁1680円

菜の花エコ事典～ナタネの育て方・生かし方～
藤井絢子 編著　A5判196頁1575円

ブルーベリーの観察と育て方
玉田孝人・福田俊 著　A5判120頁1470円

パーマカルチャー～自給自立の農的暮らしに～
パーマカルチャー・センター・ジャパン 編　B5変型判280頁2730円

巣箱づくりから自然保護へ
飯田知彦 著　A5判276頁1890円

東京スケッチブック
小泉信一 著　四六判272頁1575円

農産物直売所の繁盛指南
駒谷行雄 著　A5判208頁1890円